イラストでパッと見てわかる！

基礎からレッスン

オールカラー

音声DL版

はじめての中国語

南雲 大悟・著

你好！

ナツメ社

はじめに

　中国語を母語とする人口は英語をおさえて、世界トップの10数億人にのぼります。加えて、近年における中国経済の発展に伴い、中国語のニーズは高まっており、世界各国で中国語の学習者は増えているようです。

　日本にとっても地理的に近い中国語圏とは交流・往来が盛んであり、国内にいながらにして中国語と接する機会も少なくありません。

　店内の看板や駅の案内表示、商品の説明書に中国語が添えられていたり、中華系の訪日観光客や留学生も年々増加し、街なかで中国語を耳にすることも増えてきたのではないでしょうか。

　今回、中国旅行に備えるためか、また仕事の必要性からか、理由の如何を問わず、この『はじめての中国語』に興味をもっていただき、まことにありがとうご

ざいます。本書を手に取り、（中国語を勉強してみようかなぁ）と少しでもお考えの方はどうかそのまま先のページをめくってみてください。

　本書はゼロから中国語を学び始める方が発音や文法の基礎を独学でもわかりやすく、無理なく学べるように、ポイントをしぼって、徐々にステップアップして読み進められるような構成になっています。また、１冊分まるごと豊富なイラストやカラフルなページを配しているのも最大の特長であり、親しみやすいこのデザインが中国語を「気楽に、気軽に」学び続けられるベースとなっています。

　付属の音声を聴き、聴いた音をマネして声に出し、慣れてきたらイラストに描かれた場面をイメージして話してみる……「目・耳・口」をフル活用して、中国語会話の基礎をトレーニングしていきましょう！

本書の使い方

本書は、初級の中国語を
4つのステップで無理なく
自然に学んでいけるように
構成してあります。

ステップ **1**　まずはここから！ 中国語の基本

中国語の
成り立ちや発音、
文法などの
基本を解説して
あります。

発音は音声を
聴いて確認
してください。

ステップ **2**　そのまま覚えればOK！ あいさつのことば

よく使うあいさつの表現を
シチュエーション別に
紹介しています。
フレーズごと覚えて
使ってみてください。

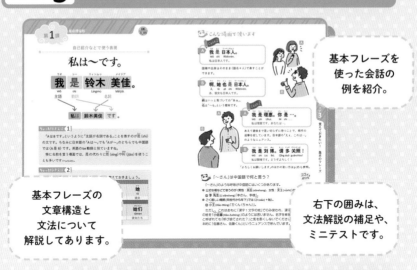

基本フレーズを
使った会話の
例を紹介。

基本フレーズの
文章構造と
文法について
解説してあります。

右下の囲みは、
文法解説の補足や、
ミニテストです。

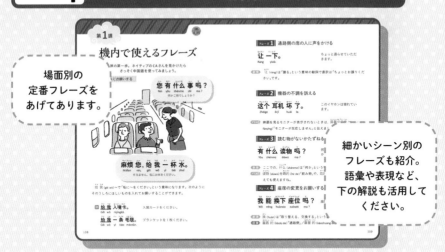

場面別の
定番フレーズを
あげてあります。

細かいシーン別の
フレーズも紹介。
語彙や表現など、
下の解説も活用して
ください。

DL
0_00 【DLアイコン】

トラック番号を示しています。聞きたい音声ファイルを再生して、発音の
練習をしましょう。ダウンロード方法については P.10 をご覧ください。

5

もくじ

はじめに ……………………………………………………… 2

本書の使い方 ………………………………………………… 4

ステップ **1** まずはここから！
中国語の基本

第 1 課	中国語について ……………………………… 12
第 2 課	声調 …………………………………………… 14
第 3 課	単母音 ………………………………………… 15
第 4 課	子音 …………………………………………… 16
第 5 課	複母音 ………………………………………… 20
第 6 課	鼻母音 ………………………………………… 21
第 7 課	声調変化と軽声 ……………………………… 22
第 8 課	中国語のおもな文型 ………………………… 24

練習問題 ……………………………………………………… 26

解答と解説 …………………………………………………… 28

コラム｜ 数字の数え方 …………………………………… 30

ステップ **2** そのまま覚えればOK!
あいさつのことば

第 1 課	基本のあいさつ ……………………………… 32
第 2 課	初対面のあいさつ …………………………… 34
第 3 課	別れのあいさつ ……………………………… 36

第 4 課	再会のあいさつ	38
第 5 課	返事のことば	40
第 6 課	食事のあいさつ	42
第 7 課	感謝のことば	44
第 8 課	おわびのことば	46
第 9 課	お祝いのことば	48
第10課	感情を表すことば	50
コラム	月日・曜日・時刻	52

ステップ3 覚えておきたい！ 基本のフレーズ

第 1 課	是^{シー}の肯定形 私は〜です。	54
第 2 課	是^{シー}の否定形・文末の疑問助詞 私は〜ではありません。	56
第 3 課	指示代名詞 これは〜です。	58
第 4 課	動詞述語文 私は〜します。	60
第 5 課	構造助詞"的^{ドァ}" 〜の…	62
第 6 課	形容詞述語文 〜である。	64
第 7 課	所有表現 〜を持っています。	66
第 8 課	所在・存在 〜にいます。	68
第 9 課	疑問詞疑問文① 什么^{シェンマ}・哪儿^{ナァール} 何を〜しますか？	70

第10課 疑問詞疑問文② 几・多少
いくつ〜しますか？ ……………………………………………… 72

第11課 時間詞と動詞述語文
…に〜します。 ……………………………………………………… 74

第12課 「少し」「ちょっと」などの言い方
少し〜です。 ……………………………………………………… 76

第13課 願望の助動詞
〜したいです。 …………………………………………………… 78

第14課 必要・義務の助動詞
〜しなければなりません。 ……………………………………… 80

第15課 可能の助動詞①
〜できます。 ……………………………………………………… 82

第16課 可能の助動詞②
〜できます。 ……………………………………………………… 84

第17課 〈喜欢+動詞句〉
〜するのが好きです。 …………………………………………… 86

第18課 二重目的語
…に〜します。 …………………………………………………… 88

第19課 前置詞
…で〜します。 …………………………………………………… 90

第20課 進行表現
〜しているところです。 ………………………………………… 92

第21課 様態補語
〜するのが…です。 ……………………………………………… 94

第22課 丁寧な依頼
どうぞ〜してください。 ………………………………………… 96

第23課 文末の了
〜しました。 ……………………………………………………… 98

第24課 経験相
〜したことがあります。 ………………………………………… 100

第25課 禁止表現
〜しないでください。 …………………………………………… 102

コラム｜身近なコミュニケーション ………………………………… 104

ステップ 4 これで旅行もバッチリ！
場面別定番フレーズ

机场	空港	106
第 1 課	機内で使えるフレーズ	108
第 2 課	空港で使えるフレーズ	110
第 3 課	市内への移動で使えるフレーズ	112

在 饭店	ホテルで	114
第 4 課	フロントで使えるフレーズ	116
第 5 課	快適な宿泊のためのフレーズ	118

买东西	買い物	120
第 6 課	買い物で使えるフレーズ	122
第 7 課	支払いで使えるフレーズ	124
第 8 課	値切るときに使えるフレーズ	126

观光	観光	128
第 9 課	観光案内所で使えるフレーズ	130
第10課	観光地で使えるフレーズ	132
第11課	交通機関を使うときのフレーズ	134

中国文化	中国文化に触れる	136
第12課	京劇などを見るときに使えるフレーズ	138
第13課	美術館などで使えるフレーズ	140
第14課	マッサージで使えるフレーズ	142

吃饭｜**食事** ……………………………………………………… 144

第15課 注文のときに使えるフレーズ ………………… 146

第16課 会計のときに使えるフレーズ ………………… 148

第17課 屋台で使えるフレーズ ………………………… 150

出现问题｜**トラブル** …………………………………………… 152

第18課 道に迷ったときにのフレーズ ………………… 154

第19課 紛失・盗難に関するフレーズ ………………… 156

第20課 病院・薬局で使えるフレーズ ………………… 158

电话、邮件、网络｜**通信** ……………………………………… 160

第21課 電話で使えるフレーズ ………………………… 162

第22課 郵便局で使えるフレーズ ……………………… 164

第23課 インターネットで使えるフレーズ ………… 166

コラム｜中国語でメールを書いてみよう …………… 168

■ 覚えておくと便利な基本単語 ………………… 170

■ 中国語圏のおもな地名一覧 …………………… 172

■ 氏名を中国語で言ってみよう ………………… 174

┌─ 音声ダウンロードについて ─

音声ファイルはナツメ社のウェブサイト(https://www.natsume.co.jp)の「オールカラー基礎から
レッスンはじめての中国語」のページよりダウンロードできます。ファイルを開く際には以下のパス
ワードをご入力ください。

パスワード：Ni5hTmu7

ダウンロードした音声は、パソコンやスマートフォンの MP3 対応のオーディオプレーヤーで再生
できます。

※ダウンロードした音声データは本書の学習用途のみにご利用いただけます。データそのものを無断で複製、改
　変、頒布(インターネット等を通じた提供を含む)、販売、貸与、商用利用はできません。

※ダウンロードした音声データの使用により発生したいかなる損害についても、著者及び株式会社ナツメ社、ナ
　ツメ出版企画株式会社は一切の責任を負いかねますのでご了承ください。

まずはここから！

中国語の
基本

中国語について

まずは中国語を学ぶための基礎知識を要チェック！

中国の共通語は「普通话（プゥトォンホア）」

　中国には大きく分けて、7つの方言（北方（ほっぽう）、呉（ご）、越（えつ）、閩（びん）、湘（しょう）、客家（はっか）、贛（かん））があり、異なる地域の人がそれぞれ自分の土地の方言で話すとまったく会話が成立しないとも言われます。そのため、1950年代から共通語として、北京のことばを発音のベースにした「普通话」が規範化され、現在まで広く普及しており、行政機関や学校、テレビ・ラジオなどのメディアで使用されています。

　この「普通话」を学ぶと中国全土で通じるのはもちろん、台湾・シンガポール・マレーシア、欧米のチャイナタウンなど世界の多くの地域や国々で中華系の人々と中国語でコミュニケーションをとることができます。また、国連の公用語にもなっています。

中国語は「声調言語」

　中国語の発音には「声調」があります。「声調」とはある1つの文字を発音する際に音の高低を区別する「調子（トーン）」を表すものです。

　おおまかにいうと、日本語の「あめ（雨・飴）」や「はし（箸・橋）」の発音（アクセントなど）の違いを1音節の中にギュッと詰め込んだイメージです。

　「声調」は全部で4種類あり、その使い分け、聞き分けをマスターすることが重要となります。

　日本人にとってあまりなじみのないものですが、慣れるまで音の高低や流れを意識しながら丁寧に発音していけば問題ありません。

中国語の発音表記「ピンイン」

　中国語の発音をマスターする際に欠かせないのが発音表記「拼音（ピンイン）」です。「ピンイン」は発音の読み方を「アルファベット」と「声調記号」で表します。

（漢字）	リーベン **日本**	声調記号 ∧ Rìběn（ピンイン）

「ピンイン」は日本人にとっての「漢字のよみがな」に相当するものです。本書ではカタカナによる発音のサポートも備わっていますので、まずは日本語の発音もヒントにしてください。そして、ピンインによる中国語の正しい発音の仕方もしっかりと整理しながら、「個々の発音→単語→フレーズ」へとスムーズにつながるよう慣れていきましょう。

� 中国の漢字は「簡体字」

中国で使用される漢字は「簡体字」と呼ばれる「旧字体を簡略化した」特有のものです。日本の漢字と違うものも多いので、それらは新たに覚えることになります。この「簡体字」はおもに中国大陸を中心に使用されています。

また、簡略化されていない伝統的な旧字体は香港や台湾などの地域で現在も使用されており、これらは「繁体字」と呼ばれます。「繁体字」は中国大陸でも書道などの芸術作品、題辞や看板などの手書き文字には現在も使用されることがあります。

日本漢字		簡体字	日本漢字		簡体字	日本漢字		簡体字
豊	→	丰	漢	→	汉	隊	→	队

また、同じ単語のようでも意味が異なる場合もあります。

日本漢字		簡体字	日本漢字		簡体字
娘	→	娘	猪	→	猪
娘		お母さん	イノシシ		ブタ
新聞	→	新闻	汽車	→	汽车
新聞		ニュース	汽車		自動車

ぜひ日本の漢字と比較しながら、楽しんで覚えましょう。

声 調

中国語には1音節ごとに「声調」という
音の高低が決まっています。

中国語の発音は
何だか音楽のようで、
とても美しく聞こえます。

そうですね、
この4種類ある声のトーン
「声調」がそういう印象を
与えるのかもしれませんね。
そのトーンで意味を
区別するんです。

❖ 4つの声調の特長

以下の「ma」はいずれも「マァー」と口を大きく開けて発音してみましょう。

aの上にある記号は「声調記号」といいます。「ピンイン」はアルファベット
と声調記号の組み合わせで、「母音・子音・声調」のすべてを表し、その漢字
の読み方を示しています。

四声	高低のイメージ	発音のコツ	簡体字	意味
第一声 mā	→	高く平らに 伸ばします	妈	母
第二声 má	↗	一気に高い位置ま で上昇させます	麻	しびれる、 麻
第三声 mǎ	→	低く抑え、 こらえます	马	馬
第四声 mà	↘	高い位置から 急降下させます	骂	叱る

第3課

単母音
(たん ぼ いん)

日本語の「あいうえお」5音に相当する基本の母音です。

単母音って
どんなものですか？

母音の中でも
一番ベースになる発音で、
物質でいうところの
「原子」みたいなものです。

❖ 単母音は長めに発音するのがコツ

　基本の母音「単母音」は次の7つです。

　日本語の1文字より「1.5倍くらい」の長さをイメージして、のびやかに発音しましょう！

ピンイン	発音	発音のコツ
a	アァ	「あ」より口を縦に大きく開けて発音します。
o	オォ	「お」より唇を丸くして発音します。
e	ウァ	口は「え」の形のまま、 ノドの奥から「お」を発音します。
i (yi)	イィ	口をしっかり引いて「い」を発音します。
u (wu)	ウゥ	「う」よりも唇を丸くしたまま、 しっかり突き出して発音。
ü (yu)	ユィ	「う」の口をさらに丸め、そのまま「い」を発音します。
er	アル	単母音「e」を発音しながら、舌先を上にそらします。

＊「i・u・ü」の前に子音がつかず、単独で表記するときは（　）内のように書きます。

子音

し いん

日本語の50音でいう「か行、さ行、た行……」
などに相当するものです。

> 子音の発音は
> 難しいですか？

> 口の形や舌の使い方を
> 意識して、丁寧に発音
> すれば大丈夫ですよ。

❖子音には「無気音」と「有気音」がある

　子音は全部で21個ありますが、口や舌の使い方などで6つのグループに
分けられます。また、それらの発音のグループごとに「無気音」と「有気音」
の区別があります。

　まずは、「無気音」と「有気音」の違いについて見てみましょう。

無気音	有気音
息をこらえて発音する	強い息を伴って発音する
bo	po

＊「バ」や「パ」などの清濁の差ではなく「息」での区別であることに注意してください。

子音の6つのグループとは

子音の6つのグループそれぞれについてグループ別に確認しましょう。
発音練習では便宜上、（　）内の母音を補って行います。

❶ 唇音(しんおん)：唇を閉じてから発音します。

子音	読み	音	発音のしかた
b (o)	ボォ	無気音	息の音をこらえて、濁らず「ボとポ」の間
p (o)	ポォ	有気音	強く息を出して「プッ＋オー」
m (o)	モォ		日本語のマ行に近い感じで
f (o)	フォ		「英語のf」のように上の歯で下唇を軽くかんでから音を出す

例
プゥ ブゥ
瀑布 滝
pùbù

ピィ フゥ
皮肤 皮膚
pífū

ブゥ パァ
不怕 恐れない
bú pà

❷ 舌尖音(ぜっせんおん)：舌先を前歯の裏につけてから発音します。

子音	読み	音	発音のしかた
d (e)	ドァ	無気音	息をこらえて、濁らず「ドとト」の間
t (e)	トァ	有気音	強く息を出して「トッ＋ゥアー」
n (e)	ヌァ		日本語のナ行に近い感じで
l (e)	ルァ		舌先を前歯の裏につけ、日本語のラ行

例
ドゥ トァ
独特 独特
dútè

リュィ トゥ
旅途 旅の道中
lǚtú

ダァ ルゥ
大陆 大陸
dàlù

17

③ 舌根音<ruby>ぜっこんおん</ruby>：舌の奥寄りの部分を盛り上げてから発音します。

子音	読み	音	発音のしかた
g (e)	グァ	無気音	息をこらえて、濁らず「ゴとコ」の間
k (e)	クァ	有気音	強く息を出して「クッ＋ゥアー」
h (e)	ホァ		ノドの奥から息を摩擦して、「ホッ＋ゥアー」

例
<ruby>顾客<rt>グゥクァ</rt></ruby> 顧客 gùkè
<ruby>合格<rt>ホァグァ</rt></ruby> 合格 hégé
<ruby>可贺<rt>クァホァ</rt></ruby> めでたい kěhè

④ 舌面音<ruby>ぜつめんおん</ruby>：舌の中よりの部分を上あごに密着するように発音します。

子音	読み	音	発音のしかた
j (i)	ジィ	無気音	息をこらえて、濁らず「ジとチ」の間
q (i)	チィ	有気音	強く息を出して「チィー」
x (i)	シィ		口をしっかり横に引いて「シー」

例
<ruby>机器<rt>ジィチィ</rt></ruby> 機械 jīqì
<ruby>喜剧<rt>シィジュィ</rt></ruby> 喜劇 xǐjù
<ruby>七夕<rt>チィシィ</rt></ruby> 七夕 Qīxī

３つの「i」の音の違いについて

（i）の音には次のような３つの違いがあります。

❶基本の「i」：母音のi（イ）のまま、口を横にしっかり引いて発音します。

❷そり舌音＋「i」：舌をそり上げるため、こもった音になります。

❸舌歯音＋「i」：口は横に引いたまま発音するので、日本語の「ウー」に近い音になります。

❺ **そり舌音**：舌先をそり上げてから発音します。

子音	読み	音	発音のしかた
zh (i)	ジー	無気音	舌先を上の歯にそり上げたまま、息をこらえて「ヂとチ」の間
ch (i)	チー	有気音	舌先を上の歯にそり上げたまま、強く息を出して「チー」
sh (i)	シー		舌先を上の歯にそり上げたまま「シー」
r (i)	リー		舌先を上の歯にそり上げたまま「リー」

例 ジーチー **支持** 支持　チョァヂャァ **车闸** ブレーキ　リーシー **日食** 日食

zhīchí　　chēzhá　　rìshí

●そり舌音を出すときのイメージ

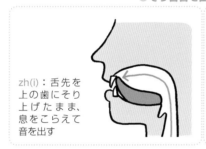

zh(i)：舌先を
上の歯にそり
上げたまま、
息をこらえて
音を出す

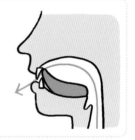

ch(i),sh(i),r (i)：
舌先を上の歯に
そり上げたまま、
息を出してそれ
ぞれの音を出す

❻ **舌歯音**：舌先を歯の裏につけ、口を横に引いて発音します。

子音	読み	音	発音のしかた
z (i)	ズー	無気音	口を横に引き「ヅー」
c (i)	ツー	有気音	口を横に引き、息を強く出して「ツー」
s (i)	スー		口を横に引き「スー」

例 ツーヅゥ **词组** 連語　ヅーツァ **自测** セルフテスト　ツースァ **紫色** 紫色

cízǔ　　zìcè　　zǐsè

DL 1_05

複母音
ふく　ぼ　いん

単母音をそれぞれ2〜3文字で
組み合わせたものが複母音です。

複母音は、単母音
と同じように読め
ばいいのですか？

異なる読み方もありま
す。特に「a」と「e」には
注意してください。

❊ 複母音の発音のコツとは

　あくまで1つの母音なので、1つの音に聞こえるようになめらかに発音し
ましょう。同じアルファベットであっても、単母音のときと異なる発音もあ
るので注意が必要です。次のような3つのグループに分けます。

❶ ＞型：前の母音が強い二重母音

複母音	ai	ei	ao	ou
読み	アイ	エイ	アオ	オウ

❷ ＜型：後ろの母音が強い二重母音

複母音	ia(ya)	ie(ye)	ua(wa)	uo(wo)	üe(yue)
読み	ヤァ	イエ	ワァ	ウオ	ユエ

❸ ◇型：真ん中が強い三重母音

複母音	iao(yao)	iou(you)	uai(wai)	uei(wei)
読み	ヤオ	ヨウ	ワイ	ウェイ

＊ 子音が前につかず、母音単独のときは（　）内のように表記します。
＊iou と uei の前に子音があるときはo・eを省略して、「-iu」「-ui」と表記します。

第6課

鼻母音
びぼいん

鼻音（nやng）で終わる母音のグループです。
びおん

「鼻音」ってなんですか？

日本語の「ん」に近いのですが、中国語では「n」と「ng」をしっかり区別します。

❖ 鼻音の区別をしっかりと発音する

音節の最後に「n」や「ng」の鼻音がつく母音を鼻母音といいます。同じアルファベットでも後ろに「n」か「ng」がくるかで発音が変わる場合があります。

鼻母音	an	en	in(yin)	ian(yan)
読み	アン	エン	イン	イエン
鼻母音	ang	eng	ing(ying)	iang(yang)
読み	アァン	エゥン	イィン	ヤン
鼻母音	uan(wan)	uen(wen)	uang(wang)	ueng(weng)
読み	ワン	ウェン	ファン	ウォン
鼻母音	üan(yuan)	ün(yun)	ong	iong(yong)
読み	ユエン	ュィン	-ォン	ヨン

＊子音が前につかず、母音単独のときは（ ）内のように表記します。
＊uenの前に子音があるときはeを省略して、「-un」と表記します。
＊ongの前には必ず子音がつきます。

🐼 「n」と「ng」の発音の区別

ココがポイント！

「-n」：舌先を上の歯ぐきにつけます。
　　　＊「an」は日本語で、「案内」と言うときの「あん」。

「-ng」：舌先はどこにもつけず、口を開けて、息を鼻から抜きます。
　　　＊「ang」では「案外」の「あん」（舌先がどこにもつかず口を開けたまま）。

第7課

声調変化と軽声

声調は組み合わせによって
いろいろな変化が起こります。

声調が変化する
こともあるん
ですか？

はい。もともとの声調が
ルールに基づいて、変化
することがあります。

❖ 声調が変化する場合（変調）とは

声調（→p.14）は、次の３つのパターンのときに変化（変調）します。

❶「第三声＋第三声」のパターン：第三声が連続するとき、前の「第三
声」は第二声で発音します。

例 **Nǐ hǎo**（你好！）　　➡　　**Ní hǎo**

こんにちは　　　　　　　　　　　　　　　　＊ピンインは"Nǐ hǎo"と表記します。

❷ "一"(yī) が変調するパターン：" 一 "は本来"yī"と発音しますが、
以下の場合は声調が変化します。

1)「一」の後ろに第一声・第二声・第三声が続く場合、第四声で発音します。

例 **yìbān**（一般）　　**yìzhí**（一直）　　**yìqǐ**（一起）

一般の　　　　　まっすぐ　　　　いっしょに

2)「一」の後ろに第四声が続く場合、第二声で発音します。

例 **yíqiè**（一切）　　**yíxiàng**（一向）

すべて　　　　　まったく

3) 後に何も続かない場合、モノの順序を示す「序数」を表す場合は本来の第一声で、声調は変化しません。

例　**tǒngyī**（统一）　　**dì yī kè**（第一课）

統一　　　　　　　　第一課

❸ "不"(bù) が変調するパターン： "不" は本来 "bù" と発音しますが、後ろに第四声が続く場合、第二声で発音します。

例　**bú zài**（不在）　　**búxìng**（不幸）

不在である　　　　　不幸

❖ 前の音に軽く添える軽声

軽声は、そのものじたいに声調がなく、前の音に軽く添えて発音します。

第一声＋軽声	第二声＋軽声	第三声＋軽声	第四声＋軽声
mā<u>ma</u>	má<u>ma</u>	mǎ<u>ma</u>	mà<u>ma</u>

発音表記 ＋ α

ここでは発音や発音表記に関して、いくつか補足しておきます。

❶ 「ü」は子音「j・q・x」の後では（¨）を省略します。

例　jü ➡ ju　　qü ➡ qu　　xü ➡ xu
＊子音「n・l」の後ろでは、「nü・lü」と（¨）をそのまま書きます。

❷ 音節と音節との切れ目を間違えないようにする場合、隔音符号「 ' 」をつけます。

例　シィアン　　　　　　　　　ハイオウ　　　　　　　ティエンアンメン
　　Xī'ān　西安　　hǎi'ōu　カモメ　　Tiān'ānmén　天安門
＊条件：前の単語が「母音」か「n、ng」で終わり、後ろの発音が「a、o、e」で始まるとき

❸ 音節の最後に "ル" をつけ、舌をそらせて発音することがあります。ピンインには「r」をつけます。

例　グァール　　　　　　ホァール
　　gēr（歌ル）　歌　　huàr（画ル）　絵
＊-nrや-irの場合、「n、i」は脱落して発音しません。
＊-ngrの場合、「ng」の前の母音を鼻音化して、最後に舌をそらせます。

例　ワァール　　　　　　ショアール　　　　　　コール
　　wánr（玩ル）　遊ぶ　　shìr（事ル）　用事　　kòngr（空ル）　ひま

中国語のおもな文型

中国語の語順は英語に似ているといわれます。

中国語の文法は英語より簡単！

中国語のおもな文型は語順が英語に似ており、〈SVO＝主語＋動詞＋目的語〉のように並べていきます。

また単語には過去形・過去分詞形などの語形変化がなく、さらに「てにをは」を表す助詞も不要なので、文法的にはまず「語順」をおさえることがカギとなります。

中国語の基本の語順

まずは、語順が〈SVO（主語＋動詞＋目的語）〉となる動詞の文を例にあげます。

例

　　ウオ　　シー　　シュエション
　我　是　学生。
　Wǒ　shì　xuésheng.
　私は学生です。

　　タァ　　ライ　　リーベン
　他　来　日本。
　Tā　lái　Rìběn.
　彼は日本に来ます。

❀ 疑問文にするには？

肯定文の最後に**～吗?**(ma)をつけるだけで「～ですか？」という疑問を表すことができます。

例
你 是 学生 吗?
ニィ シー シュエション マ
Nǐ shì xuésheng ma?
あなたは学生ですか？

他 来 日本 吗?
タァ ライ リーベン マ
Tā lái Rìběn ma?
彼は日本に来ますか？

＊このほかにも「疑問詞」を使う疑問文などがあります（→ p.70-73）。

❀ 否定文にするには？

動詞の前に**不～**(bù)をつけるだけで「～ではありません」という否定を表します。

例
我 不是 学生。
ウオ ブゥシー シュエション
Wǒ búshì xuésheng.
私は学生ではありません。

他 不 来 日本。
タァ ブゥ ライ リーベン
Tā bù lái Rìběn.
彼は日本に来ません。

＊「是 (shì)」の声調が第四声なので、「不」(bù) は第二声に変調して不是 (bùshì→búshì) となっています（→ p.23）。

❀ その他の形

このほかに中国語では、主語がない〈VO（動詞＋目的語）〉や目的語がない〈SV（主語＋動詞）〉の形も成立します。

例
是 学生。
シー シュエション
Shì xuésheng.
学生です。

他 来。
タァ ライ
Tā lái.
彼は来ます。

くわしい文法は、ステップ3で学びましょう！

25

ステップ1で学習した発音や文法事項を
練習問題で確認してみましょう。

1 次の単語の下線部の読み方で、実際の中国語の発音にもっとも近いもの
を▢▢▢内の4つの中から1つ選びましょう。

❶ 孩子　子ども
háizi

> ヘイヅ
> ハイヅ
> ハイヂ
> ヘイヂ

❷ 取消　取り消す
qǔxiāo

> チュィシアオ
> クゥシアオ
> チュィシュオー
> クゥシュオー

❸ 健康　健康である
jiànkāng

> ジアンカァン
> ジアンカァング
> ジエンカァン
> ジエンカァング

2 次の単語の読み（下線部）に正しい声調記号を書きましょう。

❶ シアオシュオ
小说　小説

xiao shuo
＊第三声＋第一声

❷ バァンチウ
棒球　野球

bang qiu
＊第四声＋第二声

3 次のピンインの読み方を（　）内にカタカナで書きましょう。

❶ 我们　私たち
wǒmen
（　　　　　　　）

❷ 现在　今、現在
xiànzài
（　　　　　　　）

❸ 自行车　自転車
zìxíngchē
（　　　　　　　）

4 次の中華料理の名前を、ピンイン通りに（　）内にカタカナにして書き、
発音してみましょう。

❶ 回锅肉　ホイコーロー
huíguōròu
（　　　　　　　）

❷ 青椒肉丝　チンジャオロース
qīngjiāo ròusī
（　　　　　　　）

❸ 麻婆豆腐 マーボー豆腐　　❹ 小笼包 ショーロンポー

mápó dòufu　　　　**xiǎolóngbāo**

(　　　　　　　)　(　　　　　　　　)

5 次の「一」と「不」が続く音節との関係を見て、それぞれどの声調になるか、（　　）内から正しい読み方を1つ選びましょう。

❶ 一齐　　(yī , yí , yì) qí　　　　　　いっせいに

❷ 一共　　(yī , yí , yì) gòng　　　　全部で

❸ 统一　　tǒng (yī, yí , yì)　　　　統一

❹ 不来　　(bù , bú) lái　　　　　　来ない

❺ 不吃　　(bù , bú) chī　　　　　　食べない

❻ 不去　　(bù , bú) qù　　　　　　行かない

6 下記の中で存在しないピンイン表記をそれぞれ1つずつ選びましょう。

❶ xǔ　nū　nǚ　qū

❷ guī　zuān　zhuēn　jūn

7 日本語の意味に合うように（　　　）内の語句を正しく並び替えて下線部に書きましょう。

❶ 私は中国人ではありません。(**中国人　我　是　不**)。

_____

❷ あなたはコーヒーを飲みますか？(**吗　喝　你　咖啡**) ？ ＊喝(hē)＝飲む

_____

❸ 私です。(**我　是**)

_____

解答と解説を確認し、中国語の基本をしっかりおさえておきましょう。

1 解答 　❶ ハイヅ　❷ チュィシアオ　❸ ジエンカァン

解説：ピンインのうち、7〜8割は英語のアルファベットの読み方でも十分対応できると思います。それ以外の間違えやすい箇所をしっかり再確認しておきましょう。

❶「ai」を「エイ」と読みがちです。「子音（zcs）+i」のときのiは口を引いたままの「ウ」の発音です。

❷「qu」は「ク」ではなく、「チ＋ü」の発音。

❸「jian」は「ジエン」、「jiang」が「ジアン」。鼻母音の語末「g」は発音しません。

2 解答 　❶ xiǎo shuō　❷ bàng qiú

解説：実際の練習で自分でピンインに声調記号をつけることは皆無かもしれません。ただし、その音節中で一番口の開きが大きいポイントに記号をつけるのが原則となっており、発音の意識づけにもつながりますので、ぜひご自身で確認しておくことをおすすめします。

❶「a＞o・e＞その他」が優先順位です。

❷「-iu、-ui」は後ろの母音に声調記号をつけます。

※なぜか第二声と第四声の傾きを逆に書く人も多いのでご注意ください。

3 解答 　❶ ウオメン　❷ シエンヅァイ　❸ ヅースィンチョァ

解説：❶「wo」を「ウゥ」と発音しないように。「ウーメン」ではありません。

❷「シアン」は最後に「g」をつけて「xiang」となるときの発音。

❸「子音（zcs）+i」のときのiは口を引いたままの「ウ」の発音。「che」を「チー」と読まないように。

4 解答 ❶ ホゥイグオロォウ ❷ チィンジアオロォウスー
❸ マァポォドウフ ❹ シアオロォンバオ

解説：日本で定着している中華料理名との発音の違いを声調も意識しながら、
声に出して確認してみてください。

5 解答 ❶（yì）qí ❷（yí）gòng ❸ tǒng（yī）
❹（bù）lái ❺（bù）chī ❻（bú）qù

解説：“一”(yī) が変調するパターンでは、❶は後ろが「第二声」なので、第四声に
なります。❷は後ろが「第四声」なので、「第二声」に、❸は後に何も続かな
いので「第一声」のままです（→ p.22-23）。

“不”(bù) が変調するパターンでは、❹❺はそのまま変調なしで、❻は後
ろが第四声のため「第二声」になります（→ p.23）。

6 解答 ❶ xǔ ❷ zhuēn

解説：❶の「ü」は子音「j・q・x」の後では（¨）を省略します。
ただし、子音「n・l」の後ろは（¨）を省略しません。

❷の複母音「uen」は前に子音がつくとき、「-un」とeを省略して書きます。

7 解答 ❶ 我不是中国人。 ❷ 你喝咖啡吗？ ❸ 是我。

解説：❶否定形は動詞の前に「不」をつけます。

❷文末に「吗」を置くと疑問文になります。

❸「私です」とするには目的
語の位置に「我」を置きま
しょう。
「我是。」としてしまうと
「私は……」という訳に
なってしまいます。

基本を覚えて次
のステップに行
きましょう！

数字の数え方

DL
1_09

中国語の数字の数え方を、下の表で確認してみましょう（数字の成り立ちがわかりやすいよう、1、10、100にあたる読みの色を変えてあります）。

数字	読み	ピンイン	中国語
0	リィン	líng	零
1	イィ	yī	一
2	アル	èr	二
3	サン	sān	三
4	スー	sì	四
5	ウゥ	wǔ	五
6	リウ	liù	六
7	チィ	qī	七
8	バァ	bā	八
9	ジウ	jiǔ	九
10	シー	shí	十
11	シー イィ	shí yī	十一
12	シー アル	shí' èr	十二
20	アル シー	èr shí	二十
21	アル シ イィ	èr shi yī	二十一
99	ジウ シ ジウ	jiǔ shi jiǔ	九十九
100	イィ バイ	yì bǎi	一百
101	イィ バイ リィン イィ	yì bǎi líng yī	一百零一
110	イィ バイ イィ シー （イィ バイ イィ）	yì bǎi yī shí （yì bǎi yī）	一百一十 （一百一）
111	イィ バイ イィ シ イィ	yì bǎi yī shi yī	一百一十一
1000	イィ チエン	yì qiān	一千
10000	イィ ワン	yí wàn	一万

そのまま覚えれば OK！

あいさつの
ことば

DL
2_01

基本のあいさつ

明るく元気に大きな声であいさつしてみましょう！

ニィハオ
你好！
Nǐ hǎo!
こんにちは！

ニンハオ
您好！
Nín hǎo!
こんにちは！
＊丁寧な言い方

終日、全時間帯をカバーできる万能のあいさつです。
您（nín）は敬意を表す「あなた」の意味で、目上や年上の方に対して使える表現です。

ニィメン　　ハオ
你们 好！
Nǐmen hǎo!
みなさん、こんにちは！

あいさつする相手が複数（2人以上）いた場合は「あなた」の複数形你们（nǐmen）を使って、このように言うこともできます。

ヅァオシャアン　ハオ
早上　好!
Zǎoshang　hǎo!
おはようございます!

このほか、你早!（Nǐ zǎo!）や早安!（Zǎo'ān!）、
丁寧な您早!（Nín zǎo!）などもあります。
親しい間ではさらに短く早!（Zǎo!）だけでも
かまいません。

ワンシャアン　ハオ
晩上　好!
Wǎnshang　hǎo!
こんばんは!

ワンアン
晩安!
Wǎn'ān!
おやすみなさい!

日暮れ〜夜にかけて使えます。晩安!（Wǎn'ān!）と言われたら、そのまま
晩安!　と返してもよいのですが、好好儿睡吧!（Hǎohāor shuì ba!）「よく休ん
でね」と声をかけるのもいいでしょう。
＊台湾では晩安が「おやすみなさい」と「こんばんは」を兼ねて使われます。

33

初対面のあいさつ

さわやかにあいさつして、よい第一印象を！

你好！
ニィハオ
Nǐ hǎo!
こんにちは！

我 姓 山田。
ウオ シィン シャンティエン
Wǒ xìng Shāntián.
私は山田と申します。

我 姓 王，叫 王 健。
ウオ シィン ワァン ジアオ ワァン ジエン
Wǒ xìng Wáng, jiào Wáng Jiàn.
私は王です。王健と申します。

我 姓〜(Wǒ xìng)は「私は〜という名字です」という意味で、自分の姓を名乗るときの表現
です。
フルネームを名乗るときは我 叫〜(Wǒ jiào)と言います。ただし、いきなりフルネームを
伝えても、姓と名の切れ目が伝わらないことがあるかもしれません。

<ruby>您<rt>ニン</rt></ruby> <ruby>贵姓<rt>グゥイシィン</rt></ruby>？

Nín　guìxìng?

お名前は？

<ruby>贵姓<rt>グゥイシィン</rt></ruby> (guìxìng) は相手に敬意を表した表現です。このフレーズは姓だけをたずねる表現ですが、相手は姓に続けてフルネームを答える場合が多いです。

<ruby>认识<rt>ロェンシ</rt></ruby> <ruby>您<rt>ニン</rt></ruby>，<ruby>很<rt>ヘン</rt></ruby> <ruby>高兴<rt>ガオシィン</rt></ruby>。

Rènshi　nín,　hěn　gāoxìng.

知り合えてうれしいです。

<ruby>请<rt>チィン</rt></ruby> <ruby>多<rt>ドゥオ</rt></ruby> <ruby>关照<rt>グワンヂャオ</rt></ruby>！

Qǐng　duō　guānzhào!

よろしくお願いします！

<ruby>认识<rt>ロェンシ</rt></ruby> (rènshi) は「知り合う」という意味です。初対面で少し大げさに感じるかもしれませんが、とてもよく使う表現です。

<ruby>关照<rt>グワンヂャオ</rt></ruby> (guānzhào) は「面倒をみる、世話をする」という意味です。<ruby>多<rt>ドゥオ</rt></ruby> (duō) を1つ追加して、<ruby>请多多 关照<rt>チィン ドゥオドゥオ グワンヂャオ</rt></ruby>！(Qǐng duōduō guānzhào!) と言うと、より丁寧なニュアンスになります。

35

別れのあいさつ

別れのシーンは、中国では「再会を祈る」表現になります。

ヅァイジエン
再见！
Zàijiàn!
さようなら！

ミィンティエン　ジエン
明天　见！
Míngtiān　jiàn!
また明日！

再见 (zàijiàn) の直訳は「また会いましょう」です。见の前に具体的な「時間」を入れると、また「そのときに会いましょう」という意味に変えられます。

例　明年 见! (Míngnián jiàn!) 「また来年！」

シアツー　　ジエン
下次　见！
Xiàcì　　jiàn!
また今度！

会合やイベントなど次の面会が決まっているときはこのように言えます。

ウオ　シエン　ヅォウ　ルァ
我　先　走　了。
Wǒ　xiān　zǒu　le.
お先に失礼します。

走（zǒu）は「走る」ではなく、「歩く、この場を去る」という意味です。

チィン　マンヅォウ
请　慢走。
Qǐng　mànzǒu.
どうぞお気をつけて。

チィン　リウブゥ
请　留步。
Qǐng　liúbù.
どうぞそのままで。

客が帰る際に主人がかけることばです。レストランで帰り際に店員さんからこのように言われることも多いです。

見送りしてくれる主人に対して、「お見送りには及びません（どうぞ足をお引き留めください）」と客側がかけることばです。

DL
2_04

再会のあいさつ

再会をおおいに喜び、相手の現況も気にかけます。

ハオジウ　ブゥジエン
好久 不见！
Hǎojiǔ　bú jiàn!
おひさしぶりです！

ジエンダオ　ニィ　ヘン　ガオシィン
见到 你, 很 高兴！
Jiàndào　nǐ, hěn gāoxìng!
またお会いできてうれしいです。

ハオジウ ブゥジエン
好久 不见！(Hǎojiǔ bújiàn!)の直訳は「長い間会えませんでした！」となります。このほか、
ハオジウ メイジエン
好久 没见！(Hǎojiǔ méijiàn!)や、もう少し改まった久违久违！(Jiǔwéijiǔwéi!)という言い方
もあります。
ジエンダオ ニィ ヘン ガオシィン
见到 你, 很 高兴！(Jiàndào nǐ, hěn gāoxìng!)は初対面の際にも使えます。再会の場面で使う
と、状況から「また」というニュアンスが自然に加わります。

最近 怎么样？
（ヅゥイジン ヅェンマヤン）

Zuìjìn zěnmeyàng?

最近どうですか？

このフレーズは本当に近況を尋ねているわけでなく、軽く「調子はどう?」と聞いているニュアンスです。

一切 都 好 吗？
（イィチエ ドゥ ハオ マ）

Yíqiè dōu hǎo ma?

すべて順調ですか？

还是 老样子。
（ハイシ ラオヤンヅ）

Háishi lǎoyàngzi.

いつもと変わりません。

好 (hǎo) には「健康状態が良好である」という意味もあり、文全体に「お元気ですか」というニュアンスも含まれています。

老 (lǎo) は「いつも」、样子 (yàngzi) は「ようす」。よくも悪くもなく「まあまあです、ボチボチやってます」という定番の受け答えです。

返事のことば

相手の質問にタイミングよく返答すると会話も盛り上がります。

是 啊!
Shì a!
そうですよ!

对 啊!
Duì a!
そのとおりです!

どちらも相手のことばや質問に対する同意や肯定を表します。是(shì)は「（肯定的返答の）はい」、对(duì)は「正しい、そのとおりだ」というニュアンス。最後の啊(a)は会話の中でやわらかな語気を足しています。

行，行。
シィン　　シィン
Xíng, xíng.
いいですよ。

相手のことばや提案に対して「OKである」という許容や承諾を表します。ダメな場合は不行。(Bùxíng.)と言います。「わかりました」という了承の意味で好的。(Hǎode.)も使えます。

是　吗？
シー　　マ
Shì　ma?
そうですか？

相手の話を受けて、軽く添えるとあいづちの感じになり、強めに聞き返すと「本当ですか？」と改めて確認する語気や、驚きのニュアンスになります。

不　知道。
ブゥ　　　ヂーダオ
Bù　zhīdào.
知らないです。

相手が話した事がらや情報を知らないときは、不知道。(Bù zhīdào.)を使います。「わからない、内容が理解できない」というニュアンスのときは、不明白。(Bù míngbai.)と言います。

食事のあいさつ

おいしい食事を楽しむためにぜひ覚えたいフレーズです。

慢用（mànyòng）は「ゆっくり食事する」という意味がある丁寧な表現です。

<ruby>请<rt>チィン</rt></ruby> <ruby>慢用<rt>マンヨン</rt></ruby>。
Qǐng mànyòng.
お召し上がりください。

<ruby>那<rt>ナァ</rt></ruby> <ruby>我<rt>ウオ</rt></ruby> <ruby>就<rt>ジウ</rt></ruby> <ruby>不客气<rt>ブゥクァーチ</rt></ruby> <ruby>了<rt>ルァ</rt></ruby>。
Nà wǒ jiù búkèqi le.
それでは遠慮なくいただきます。

那（nà）は「それでは、じゃあ」、客气（kèqi）は「遠慮する」という意味で、食事をすすめられて「じゃあ、遠慮なく……」と食べ始めるときのことばです。

请 尝尝!
チィン チャアンチャアン
Qǐng chángchang!
食べてみてください！

合 你 的 口味 吗?
ホァ ニィ ドァ コウウェイ マ
Hé nǐ de kǒuwèi ma?
お口に合いますか？

尝（cháng）は「味わう、味見する」という意味
です。おすすめの料理やお菓子などをぜひ食
べてもらいたいときに使ってみましょう。

多 吃 点儿 吧!
ドゥオー チー ディアール バ
Duō chī diǎnr ba!
たくさん食べてください。

もともと点儿（diǎnr）は「少し」という量を表し
ますが、ここでは語気を和らげ、やんわりと相
手に食事を促す役割を担っています。

很 好吃!
ヘン ハオチー
Hěn hǎochī!
おいしいです！

相手に味の評価を聞かれる前
に自分から積極的に「おいし
い」と言ってあげましょう。

吃好 了!
チーハオ ルァ
Chīhǎo le!
おいしくいただきました。

十分食べて、満足になった状
態でこのように言います。

43

感謝のことば

心をこめて相手に感謝の気持ちを伝えましょう！

シエシエ
谢谢！
Xièxie!
ありがとう！

ブゥクァーチ
不客气！
Búkèqi!
どういたしまして。

谢谢 (xièxie)「ありがとう」の発音は「シェイシェイ」ではなく、「シエシエ」です。
不客气 (búkèqi) はお礼に対する受け答えで最も代表的で、丁寧な言い方です。

タイ	シエシエ	ニィ	ルァ
太	**谢谢**	**你**	**了！**
Tài	xièxie	nǐ	le!

本当にありがとうございます。

谢谢の謝意をさらに高めた
強調表現です。

44

シエシエ ニィ ドァ リィウゥ
谢谢 你 的 礼物。
Xièxie nǐ de lǐwù.
プレゼントありがとう。

相手からの贈り物に対するお礼の言い方です。このほか、礼物 (lǐwù)「プレゼント」の部分を关心 (guānxīn)「お気づかい」や帮助 (bāngzhù)「お手伝い」などに置きかえて、お礼を言うことができます。

ブゥヨン シエ
不用 谢。
Búyòng xiè.
とんでもない、どういたしまして。

直訳は「お礼には及びません」という意味です。友人や家族の間では不谢 (Búxiè) とちぢめた言い方もできます。

相手のお礼に対して、「そうするのが当たり前で、特別なことでない」と言いたいときに使います。

チョァ シー イィンガイ ドァ
这 是 应该 的。
Zhè shì yīnggāi de.
当然のことをしたまでです。

45

おわびのことば

ちょっとした失敗で迷惑をかけたら、
きちんとおわびのことばを伝えましょう。

ドゥイブチィ
对不起。
Duìbuqǐ.
ごめんなさい。

メイグワンシ
没关系！
Méiguānxi!
かまいません！

対不起（duìbuqǐ）はもともと「相手に顔向けできない」という意味で、謝罪するときにふさわしいことばです。
没关系（méiguānxi）の直訳は「関係がない」で、相手のおわびに対して「関係ないですよ、気にしないで」という気遣いを表します。

ブゥハオイィース
不好意思。
Bù hǎoyìsi.
すみません。

このフレーズは対不起（duìbuqǐ）に比べて、やや軽めのおわびで用いられます。

麻烦 你 了。

<ruby>麻<rt>マァファン</rt></ruby><ruby>烦<rt></rt></ruby> <ruby>你<rt>ニィ</rt></ruby> <ruby>了<rt>ルァ</rt></ruby>。

Máfan　nǐ　le.

お手数をおかけしました。

相手にお願いしたり、面倒をかけた場合に使います。これからお願いしようとするときにも「お手数をおかけします」という意味で使うことができます。

很 抱歉。

<ruby>很<rt>ヘン</rt></ruby> <ruby>抱歉<rt>バオチエン</rt></ruby>。

Hěn　bàoqiàn.

申し訳ありません。

<ruby>抱歉<rt>バオチエン</rt></ruby>（bàoqiàn）は<ruby>对不起<rt>ドゥイブチィ</rt></ruby>（duìbuqǐ）よりもさらにあらたまった謝罪の表現です。

相手のおわびに対して「大したことではない」と気遣うことばです。口語的でフランクな表現です。

没事儿。

<ruby>没事儿<rt>メイショァール</rt></ruby>。

Méishìr.

大丈夫です。

47

お祝いのことば

中国語でもぜひたくさんの「おめでとう」を伝えましょう。

ゴォンシィ ゴォンシィ
恭喜 , 恭喜!
Gōngxǐ,　　　gōngxǐ!
おめでとう。

シエシエ
谢谢!
Xièxie!
ありがとう。

ゴォンシィ
恭喜!(Gōngxǐ!)は、目的達成(入試や就職試験の合格など)や慶事(入学、結婚や出産など)を祝
ゴォンシィニィ
います。恭喜你!(Gōngxǐnǐ!)もよく使われます。
トォンシィ トォンシィ
相手の祝辞に対して、「ともに喜ぶ」という意味で、同喜 , 同喜!(Tóngxǐ,tóngxǐ!)と言うこと
もあります。

デュウ ニィ ションリー クワイルァ
祝 你 生日 快乐!
Zhù　　nǐ　　shēngrì　　kuàilè!
お誕生日おめでとう!

デュウ
祝(zhù)は「祈る」という意味です。「お
めでとう」という祝福と「誕生日が楽
しくすごせますように」という祈りも
含まれます。

新年 好!
シンニネン　ハオ
Xīnnián hǎo!

あけましておめでとう!

新年をお祝いするフレーズですが、中国では元日を迎えていなくても、このようにあいさつすることがあります。

圣诞节 快乐!
ションダンジエ　クワイルァー
Shèngdànjié kuàilè!

メリークリスマス!

ションダンクワイルァ
圣诞快乐!(Shèngdàn kuàilè!)とも言います。

祝 你们 幸福!
ヂュウ　ニィメン　シィンフウ
Zhù nǐmen xìngfú!

お二人ともお幸せに!

恋人同士や結婚するカップルへの祝福のことばです。

DL
2_10

感情を表すことば

自然にリアクションできると会話もはずみます。

ワァ　ウオ　ヘン　ガオシィン
哇! 我 很 高兴。
Wā! Wǒ hěn gāoxìng.
わぁ！うれしいです。

ワァー
哇!(Wā!)は、驚きや感動で思わず口からこぼれる「わぁ」です。
ヘン　　　　　　　　　　　　　　　　　　　　　フェイ チァアン
喜びの感情を表す最も基本のフレーズです。很(hěn)の部分を 非常 (fēicháng)「とても、非
チェン
常に」や真(zhēn)「本当に」に変えると程度を強調できます(→p.64)。

フェイチァアン　カイシン
非常 开心!
Fēicháng kāixīn!
とても楽しいです！

食事、ショッピング、観光、パーティ
など楽しめたら、ぜひ積極的に伝えて
ください。

太棒了!
Tài bàng le!
すごいですね!

太〜了(tài 〜 le)は「とても、たいへん〜だ」という程度の強調を表します。棒(bàng)は「すごい、すばらしい」という意味で、心からの賞賛を表せます。

哎呀!
Āiyā!
おやまあ!

驚いたときの「おぉ」や「あらー」です。

什么?
Shénme?
なんで?

納得いかないときやおかしいと思ったときに「どうして?」とムキになって聞き返す感じです。

51

DL
2_11

数字(→p.30)を参考にしながら、中国語での時点の表現を覚えましょう。疑問文にある 几 は数をたずねる疑問詞です。(→p.72参照)

年月日

几 月 几 号 ?
Jǐ yuè jǐ hào ?

何月何日ですか？

一 月 三十 号
yī yuè sānshí hào

1月30日

1 〜 12　　1 〜 31

[西暦] **20 × × 年**
Èr líng　　nián

※西暦は数字を1文字ずつ言います。

曜日

星期 几 ?
Xīngqī jǐ ?

何曜日ですか？

星期 + (1 〜 6、"天")

星期一 xīngqīyī	星期二 xīngqī'èr	星期三 xīngqīsān	星期四 xīngqīsì
月曜日	火曜日	水曜日	木曜日
星期五 xīngqīwǔ	星期六 xīngqīliù	星期天 xīngqītiān	
金曜日	土曜日	日曜日	

時刻

现在 几 点 ?
Xiànzài jǐ diǎn?

今、何時ですか？

两 点 (零) 二 分　2 時 2 分
liǎng diǎn (líng) èr fēn

△ 点 ○ 分　(△ 時 ○ 分)

・「〜時」のときの「2」は两 (liǎng) です。
・「〜分」のときの「2」は二 (èr) です。
・一桁の分 (1分〜9分) は数字の前に零 (líng) をつけることもあります。
・「〜半」は半 (bàn) です。たとえば2時半は两点半 (liǎng diǎn bàn) です。

ステップ

3

覚えておきたい！

基本の
フレーズ

自己紹介などで使う表現

私は〜です。

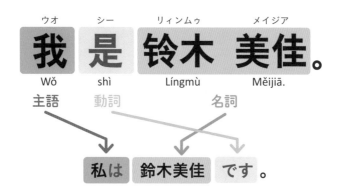

ウオ	シー	リィンムゥ	メイジア
我	**是**	**铃木**	**美佳**。
Wǒ	shì	Língmù	Měijiā.
主語	動詞	名詞	

私は　鈴木美佳　です。

ちょっとだけ文法 **1**

「AはBです」というように「主語が名詞である」ことを表すのが是 (shì) の文です。ちなみに日本語の「Aは〜」でも「Aが〜」のどちらでも中国語では〈A 是 B〉です。英語の be 動詞と似ていますね。

特に名前を言う場面では、是の代わりに姓 (xìng) や叫 (jiào) を使うことも多いです (→p.34-35)。

ちょっとだけ文法 **2**

おもに主語で使う人称代名詞の一覧です。覚えておきましょう。

単数				
ウオ	ニィ	ニン	タァ	タァ
我	**你**	**您**	**他**	**她**
wǒ	nǐ	nín	tā	tā
私	あなた	あなた (丁寧)	彼	彼女
複数				
ウオメン	ニィメン		タァメン	タァメン
我们	**你们**		**他们**	**她们**
wǒmen	nǐmen		tāmen	tāmen
私たち	あなたたち		彼ら	彼女たち

こんな場面で使います

Case1

 A

A 我 是 日本人。
ウォ シー リーベンロェン
Wǒ shì Rìběnrén.
私は日本人です。

国籍や出身はそのまま〈国名＋人〉で表すことが
できます。

B 啊, 她 也 是 日本人。
アァ タァ イェ シー リーベンロェン
À, tā yě shì Rìběnrén.
あ、彼女も日本人です。

啊はハッと気づいての「あぁ」、
也は「〜も」という意味です。

Case2

A 我 是 理惠。 你 是 …。
ウォ シー リィホゥイ ニィ シー
Wǒ shì Lǐhuì. Nǐ shì ....
私は理恵です。あなたは…。

あえて最後まで言い切らずに待つことで、相手の
返事を促しています。日本語の「ええ、これは…」
のようなニュアンス。

B 我 是 刘博。 请 多 关照！
ウォ シー リウ ボォ チン ドゥオ グワンチャオ
Wǒ shì Liú Bó. Qǐng duō guānzhào!
私は劉博です。どうぞよろしく！

「よろしくお願いします」のほかの言い方はp.35も参照。

 「〜さん」は中国語で何と言う？

 ココが
ポイント！

「〜さん」のような呼称が中国語にはいくつかあります。

● 公式な場などで使うのが〈男性：先生 (xiānsheng)、女性：女士 (nǚshì)〉など。
　例 李 先生 (Lǐ xiānsheng)「李さん、李様」。
　　リィ シエンション
● ごく親しい間柄(同世代から年下)では〈小 (xiǎo) ＋姓〉。
　例 小王 (Xiǎo-Wáng)「王くん (ちゃん)」。
　　シアオワァン

　ただし、これはおもに「漢字1文字の姓」でのみ使われ、漢字2文字以上
の姓を「小佐藤 (Xiǎo-Zuǒténg)」のようには言いません。名字を単独で「佐藤！」
と呼ばれても「呼び捨てされた？」と気を悪くしないでください。相手は基
本的に「佐藤さん、佐藤くん」というニュアンスで呼んでいます。

ステップ**3** 覚えておきたい！ 基本のフレーズ

自分や第三者がそうではないときによく使う表現

私は〜ではありません。

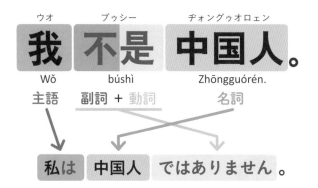

我 不是 中国人。

ウオ　　ブッシー　　ヂォングゥオロェン

Wǒ　búshì　Zhōngguórén.

主語　副詞 + 動詞　名詞

私は　中国人　ではありません。

ちょっとだけ文法 1

「AはBではありません」と「主語が名詞ではない」ことを否定する場合、是(shì) の前に否定副詞 不(bù) を置いて、〈A不是(búshì) B〉とします (→p.25)。

また、不(bù) は後ろに第四声があるときには第二声に変調して (búshì) となります (→p.23)。

ちょっとだけ文法 2

文末に 〜吗(ma)? をつけると、「〜ですか?」という疑問文になります(→p.25)。

例 你 是 司机 吗?　　あなたは運転手さんですか?
　　ニィ　シー　スージィ　マ
　　Nǐ　shì　sījī　ma?

例 她 是 模特儿 吗?　　彼女はモデルですか?
　　タァ　シー　モォトァール　マ
　　Tā　shì　mótèr　ma

こんな場面で使います

Case 1

A 他 是 留学生 吗?
　タァ　シー　リウシュエション　マ
Tā　shì　liúxuéshēng　ma?

彼は留学生ですか?

吗を文末につけると疑問文になります。

B 他 不是 留学生。
　タァ　ブッシー　リウシュエション
Tā　búshì　liúxuéshēng.

彼は留学生ではありません。

不は後ろに「第四声」がくる場合、「第二声」に変調します。

Case 2

A 你 是 导游 吗?
　ニィ　シー　ダオヨウ　マ
Nǐ　shì　dǎoyóu　ma?

あなたはガイドさんですか?

导游は「ガイド」で、特に「日本語でのガイド」は
日语 导游(Rìyǔ dǎoyóu)と言います。
リーユィ ダオヨウ

B 我 不是 导游。
　ウオ　ブッシー　ダオヨウ
Wǒ　búshì　dǎoyóu.

私はガイドではありません。

🐼 文末の助詞 "吧 (ba)"
　　　　　　　　　バ

ココが
ポイント!

　文末の助詞吧(ba)もよく使われます。吗(ma)とあわせてぜひ覚えておきましょう。
　　　　　　バ　　　　　　　　　　　　　　　マ

❶「確認」:〜ですよね?

　例 他 是 日本人 吧?　　　彼は日本人ですよね?
　　　タァ　シー　リーベンロェン　バ
　　Tā shì Rìběnrén ba?

❷「提案」(動詞文と):〜しましょう!

　例 我们 走 吧!　　　　　(私たちは)行きましょう!
　　　ウオメン　ゾウ　バ
　　Wǒmen zǒu ba!

❸「軽い命令」(動詞文と):〜してください

　例 你 坐 吧。　　　　　　座ってください。
　　　ニィ　ヅオ　バ
　　Nǐ zuò ba.

「これ」や「あれ」などを伝える表現

これは〜です。

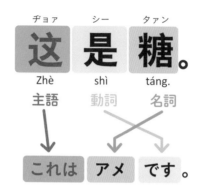

ヂョア　シー　タァン
这 是 糖。
Zhè　shì　táng.
主語　動詞　名詞

これは　アメ　です。

ちょっとだけ文法 **1**

　「これ」や「あれ」のように人やモノを指す日本語の「こそあど」にあたる中国語はおもに以下のものがあります。

	近称	遠称	疑問
	これ	あれ（それ）	どれ
基本	这 zhè/zhèi	那 nà/nèi	哪 nǎ/něi
	ここ	あそこ	どこ
場所として	这儿／这里 zhèr　zhèli	那儿／那里 nàr　nàli	哪儿／哪里 nǎr　nǎli

ちょっとだけ文法 **2**

　「これです」は是 这个。(Shì zhèige.) という語順ですが、動詞の後ろに「これ」を置く場合には、个(ge) を伴います。

例 这个 これ　　那个 あれ　　哪个 どれ
zhèige(zhège)　nèige(nàge)　něige(nǎge)

こんな場面で使います

Case1

A 这 是 蛋糕 吗？
ヂョア シー ダンガオ マ
Zhè shì dàngāo ma?
これはケーキですか？

蛋糕は「ケーキ、カステラ」という意味です。

B 不是, 这 是 面包。
ブゥシー ヂョア シー ミエンバオ
Búshì, zhè shì miànbāo.
いいえ、これはパンです。

面包は「パン」という意味です。

Case2

A 那 是 学校 吗？
ナァ シー シュエシアオ マ
Nà shì xuéxiào ma?
あれは学校ですか？

那は「それ」と訳すこともできます。

B 不, 那 是 法院。
ブゥ ナァ シー ファアユエン
Bù, nà shì fǎyuàn.
いいえ、あれは裁判所です。

法院は「裁判所」という意味です。

日本語の序数詞に相当する「量詞」

ココが
ポイント！

　这个(zhèige)の个(ge)は量詞に相当します。量詞とは日本語の助数詞に相当するものです。
　基本の語順は〈这(zhè)／那(nà)＋数＋量詞＋名詞（モノなど）〉となります。
よく使う量詞

1人	2冊の本	3本のペン
一 个 人 イィ グァ ロエン yí ge rén	两 本 书 リアン ベン シュウ liǎng běn shū	三 枝 笔 サン ヂー ビー sān zhī bǐ

＊数量を表す「2」は两(liǎng)

動作を伝えるときに使う表現

私は〜します。

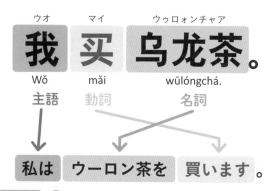

ウオ　　マイ　　ウゥロォンチャア
我 买 乌龙茶。
Wǒ　mǎi　　wūlóngchá.

主語　　動詞　　名詞

私は　ウーロン茶を　買います。

ちょっとだけ文法 1

中国語の動詞文の基本は〈主語＋動詞＋名詞〉で、英語の語順と似ています。最後に名詞がない場合も「私は買う」、「彼が来る」という文が成立します。名詞を入れ替えると表現は無限に広がります。

❶名詞なしで　　　　　例 我 买。　　　　私は買います。
ウオ　マイ
　　　　　　　　　　　　Wǒ mǎi.

❷名詞をプラスして　　例 我 买 咖啡。　私はコーヒーを買います。
ウオ　マイ　カァフェイ
　　　　　　　　　　　　Wǒ mǎi kāfēi.

ウオ　ホァ　クァルァ
　　　　　　　　　　　我 喝 可乐。　私はコーラを飲みます。
　　　　　　　　　　　　Wǒ hē kělè.

ウオ　ダオ　ホォンチャア
　　　　　　　　　　　我 倒 红茶。　私は紅茶を入れます。
　　　　　　　　　　　　Wǒ dào hóngchá.

ちょっとだけ文法 2

否定形は〈不(bù)＋動詞〉の形で、動詞の前に否定の副詞をつけて「〜しません」という意味になります。
ブゥ
例 我 不 打 高尔夫球。　私はゴルフをしません。
ウオ　ブゥ　ダァ　ガオアルフゥチゥ
　　Wǒ bù dǎ　gāo'ěrfū qiú.

⚑ こんな場面で使います

Case1

A 他 来 吗？
タァ ライ マ
Tā lái ma?
彼は来ますか？

動詞単独でこのように言うこともできます。

B 他 不 来。
タァ ブゥ ライ
Tā bù lái.
彼は来ません。

後ろにくる動詞の声調に応じて、不は変調します。

Case2

A 你 看 杂志 吗？
ニィ カン ヅァヂー マ
Nǐ kàn zázhì ma?
あなたは雑誌を見ますか？

看は「見る」とも「読む」とも訳せます。杂志は「雑誌」という意味です。

B 不，我 看 报纸。
ブゥ ウオ カン バオヂー
Bù, wǒ kàn bàozhǐ.
いいえ、私は新聞を読みます。

报纸は「新聞」で、报とも言えます。

🐼 生活でよく使う動作性のある動詞

吃	喝	看	听	写
チー	ホァ	カン	ティン	シエ
chī	hē	kàn	tīng	xiě
食べる	飲む	見る	聴く	書く
学	说	买	去	来
シュエ	シュオ	マイ	チュイ	ライ
xué	shuō	mǎi	qù	lái
学ぶ	話す	買う	行く	来る

"誰の"…なのかを限定するときに使う表現

〜の…

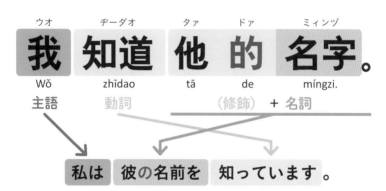

|ウオ|ヂーダオ|タァ|ドァ|ミィンヅ|
|我|知道|他|的|名字|。|

Wǒ　　zhīdao　　　　tā　　　de　　　míngzi.

主語　　動詞　　　　　（修飾）＋ 名詞

私は　彼の名前を　知っています 。

ちょっとだけ文法 **1**

「私のノート」「先生のテキスト」のような日本語の「〜の」にあたるのが 的(de) です。

人やモノなど（限定！）　＋　的　＋　中心の名詞

例 **我 的 笔记本**　　私のノート
　　wǒ　de　bǐjìběn

ちょっとだけ文法 **2**

上記の用法のうち、的(de) を省略できる場合があります。おもに以下のようなものです。

❶人称代名詞＋親族・親しい人など人間関係

例 **我 妈妈**　　　私の母親
　　wǒ　māma

❷人称代名詞＋所属や機関・集団

例 **我们 公司**　　私たちの会社
　　wǒmen　gōngsī

こんな場面で使います

Case 1

A これはあなたの携帯電話ですか？
チョア シー ニィ ドァ ショウジィ マ
这 是 你 的 手机 吗？
Zhè shì nǐ de shǒujī ma?
これはあなたの携帯電話ですか？

手机は「携帯電話」という意味です。

B
シードァ シー ウオ ドァ
是的。 是 我 的。
Shìde. Shì wǒ de.
はい。私のです。

是的はやや改まった感じの肯定の返答「はい」です。
我的のように後ろに名詞がない場合、「私の（もの）」という意味を表します。

Case 2

A
タァ シー ウオメン ダァシュエ ドァ ラオシー マ
他 是 我们 大学 的 老师 吗？
Tā shì wǒmen dàxué de lǎoshī ma?
彼は私たちの大学の先生ですか？

我们 大学も「私たちの大学」という意味ですが、
〈人称代名詞＋所属・機関〉なので、間に**的**を入れ
ない言い方が可能です。

B
ブッシー タァ シー シュエション
不是， 他 是 学生。
Búshì, tā shì xuésheng.
いいえ、彼は学生です。

学生の**生**は声調をもたない軽声で表記されます
が、口語では第一声で発音されることもあります。

 そのほかの的 (de) が省略できる例

ココが
ポイント！

❶国名・言語名＋名詞
例 **中国 学生** 中国人学生
ヂョングォ シュエション
Zhōngguó xuésheng

汉语课本 中国語の教科書
ハンユィクァベン
Hànyǔ kèběn

❷単音節の形容詞＋名詞
例 **好问题** よい質問
ハオウェンティ
hǎowèntí

红气球 赤い風船
ホォンチィチウ
hóngqìqiú

❸熟語として強く結びついたもの
例 **纸箱子** （紙の箱＝）ダンボール
ヂーシアンツ
zhǐxiāngzi

玻璃杯 ガラスのグラス
ボォリベイ
bōlibēi

63

動作ではなく、状態や様子を伝える表現

～である。

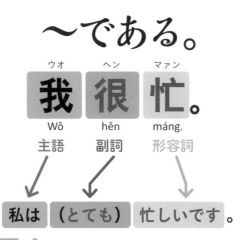

ウオ	ヘン	マァン
我	很	忙。
Wǒ	hěn	máng.
主語	副詞	形容詞

私は　（とても）　忙しいです。

ちょっとだけ文法 1

　この很 (hěn) は形容詞の言い切りの文で使われる副詞です。もともと「とても～だ」という程度を強める意味がありますが、平叙文では訳さないことが多いです。また、否定形や疑問文では使いません。

例
ウオ　ブゥ　マァン
我 不 忙。　　　　私は忙しくありません。
Wǒ bù máng.

ニィ　マァン　マ
你 忙 吗?　　　　あなたは忙しいですか？
Nǐ máng ma?

ちょっとだけ文法 2

　很 (hěn) に代わり、程度のニュアンスを強調できる副詞には以下のようなものがあります。

● 真 (zhēn)　本当に

例
ティエンチィ　デェン　ハオ
天气 真 好!　　　　天気が本当によい！
Tiānqì zhēn hǎo!

● 非常 (fēicháng)　非常に

例
ロォウバオヅ　フェイチャアン　ダァ
肉包子 非常 大。　　　肉まんは非常に大きい。
Ròubāozi fēicháng dà.

こんな場面で使います

Case1

A ファアンフェイ グゥイ マ
房费 贵 吗?
Fángfèi guì ma?
家賃は高いですか？

疑問文に**很**はつけません。**房费**で家賃という意味です。

B ブゥ グゥイ
不 贵。
Bú guì.
高くありません。

否定形にも**很**はつけません。

Case2

A ハンユィ ナン マ
汉语 难 吗?
Hànyǔ nán ma?
中国語は難しいですか？

难は「難しい」という意味です。

B ユィファア ブゥタイ ナン
语法 不太 难。
Yǔfǎ bútài nán.
文法はあまり難しくありません。

语法は「文法」という意味。**不太** は「あまり〜ではない」という意味です。

よく使う形容詞を対で覚えましょう。

ココが
ポイント!

ロァ **热** rè	⟷	レゥン **冷** lěng	ヌゥワンホゥオ **暖和** nuǎnhuo	⟷	リアンクワイ **凉快** liángkuai
暑い		寒い	暖かい		涼しい
ダア **大** dà	⟷	シアオ **小** xiǎo	ナン **难** nán	⟷	ロォンイィ **容易** róngyì
（大きさや年齢が） 大きい		（大きさや年齢が） 小さい	難しい		易しい

所有や存在を伝える表現

～を持っています。

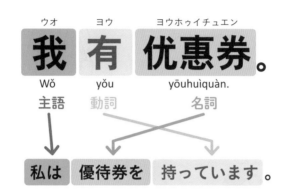

ウオ	ヨウ	ヨウホゥイチュエン
我	**有**	**优惠券**。
Wǒ	yǒu	yōuhuìquàn.
主語	動詞	名詞

私は　優待券を　持っています

ちょっとだけ文法 1

主語が名詞を「～を持っている、～がある」という所有の意味を表す動詞が有 (yǒu) です。名詞が人の場合は「いる」という訳にします。

例
ウオ ヨウ ニュイアール
我 有 女儿。　私には娘がいます。
Wǒ yǒu nǚ'ér.

ちょっとだけ文法 2

所有の動詞有 (yǒu) の否定形は没有 (méiyǒu) になり、意味は「～を持っていません、～がいません」となります。

例
ウオ メイヨウ チョアビアオ
我 没有 车票。　私は乗車券を持っていません。
Wǒ méiyǒu chēpiào.

ウオ メイヨウ シンシン
我 没有 信心。　私は自信がありません。
Wǒ méiyǒu xìnxīn.

タァ メイヨウ ニュィポンヨウ
他 没有 女朋友。　彼にはガールフレンドがいません。
Tā méiyǒu nǚpéngyou.

こんな場面で使います

Case1

A 你 有 课本 吗？

ニィ ヨウ クァベン マ

Nǐ yǒu kèběn ma?

あなたはテキストを持っていますか？

课本は「テキスト、教科書」という意味です。

B 没有。

メイヨウ

Méiyǒu.

持っていません。

所有の動詞有の否定形は不有とはなりません。

Case2

A 他 有 兄弟姐妹 吗？

タァ ヨウ シオンディージエメイ マ

Tā yǒu xiōngdì jiěmèi ma?

彼はきょうだいがいますか？

兄弟姐妹は「兄弟姉妹」という意味です。

B 他 有 哥哥。

タァ ヨウ グァーグァ

Tā yǒu gēge.

彼は兄がいます。

家族・兄弟・親族の呼称

ココが ポイント！

父亲 (爸爸)			母亲 (妈妈)	
フゥチン バァーバ fùqin (bàba)			ムゥチン マァーマ mǔqin (māma)	
父			母	

哥哥	弟弟	我	姐姐	妹妹
グァーグァ gēge	ディーディ dìdi	ウォ wǒ	ジエジエ jiějie	メイメイ mèimei
兄	弟	私	姉	妹

孩子	儿子 (érzi) アルヅ	息子
ハイヅ háizi	女儿 (nǚ'ér) ニュイアール	娘
子ども		

67

人やモノの所在・存在を伝える表現

～にいます。

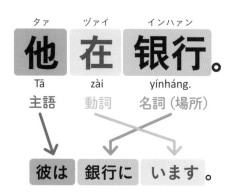

タァ	ヅァイ	インハァン
他	**在**	**银行**。
Tā	zài	yínháng.
主語	動詞	名詞 (場所)

| 彼は | 銀行に | います |。

ちょっとだけ文法 1

　動詞在(zài) は〈主語＋動詞＋名詞 (場所)〉の語順で、「主語は場所にいる
(ある)」という所在の意味を表します。

　否定形は不 在(bú zài) で「～にいません (ありません)」という意味です。

例 **爸爸 在 家, 妈妈 不 在 家。**
バァバ ヅァイ ジア 　マァーマ ブゥ ヅァイ ジア
Bàba zài jiā, māma bú zài jiā.
父は在宅しておりますが、母は不在です。

ちょっとだけ文法 2

　有(yǒu) を使うと「場所に～がある、いる」という存在を表現すること
ができます。否定形は没有 (méiyǒu) です。

●肯定形 〈場所＋有＋人・モノ〉

例 **那儿 有 狗。**　　　あそこに犬がいます。
ナァール ヨウ ゴウ
Nàr yǒu gǒu.

●否定形 〈場所＋没有＋人・モノ〉

例 **这儿 没有 调料。**　ここには調味料がありません。
ヂョァール メイヨウ ティアオリアオ
Zhèr méiyǒu tiáoliào.

こんな場面で使います

Case 1

A

你 老家 在 北京 吗？
ニィ ラオジア ヅァイ ベイジィン マ
Nǐ lǎojiā zài Běijīng ma?
あなたの実家は北京にありますか？

你 老家は「あなたの実家」という意味になりますが、「人称代名詞＋所属」に相当し、間の<ruby>的<rt>ダ</rt></ruby>は省略できます（→p.62）。

B

我 老家 在 上海。
ウオ ラオジア ヅァイ シャアンハイ
Wǒ lǎojiā zài Shànghǎi.
私の実家は上海です。

Case 2

A

那儿 有 长椅 吗？
ナァール ヨウ チャアンイィ マ
Nàr yǒu chángyǐ ma?
あそこにベンチがありますか？

长椅は「ベンチ」という意味です。
<ruby>チャアンイィ<rt></rt></ruby>

B

那儿 没有 长椅。
ナァール メイヨウ チャアンイィ
Nàr méiyǒu chángyǐ.
あそこにはベンチがありません。

存在を表す動詞有(<ruby>ヨウ<rt></rt></ruby>yǒu)の否定形は<ruby>不有<rt>ブヨウ</rt></ruby>(bùyǒu)
ではありません。

ミニテスト 所在や存在を表す動詞 在・有 のどちらがふさわし
<ruby>ヅァイ<rt></rt></ruby> <ruby>ヨウ<rt></rt></ruby>
いか[ ]に入れてみましょう。

❶ あそこに人がいます。　那儿 [ ] 人。
<ruby>ナァール<rt></rt></ruby> <ruby>ロエン<rt></rt></ruby>
Nàr rén.

❷ 彼はここにいます。　他 [ ] 这儿。
<ruby>タァ<rt></rt></ruby> <ruby>ヂョアール<rt></rt></ruby>
Tā zhèr.

答え：❶<ruby>有<rt>ヨウ</rt></ruby> ❷<ruby>在<rt>ヅァイ</rt></ruby>

69

「何を、誰が」をたずねるときに使う表現

何を～しますか?

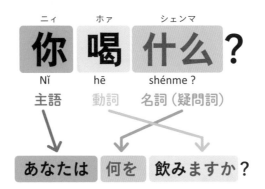

你	喝	什么 ?
ニィ	ホァ	シェンマ
Nǐ	hē	shénme ?
主語	動詞	名詞（疑問詞）

あなたは　何を　飲みますか?

ちょっとだけ文法 1

英語の"what"や"who"のように、たずねたいことに関連する疑問詞を用いて質問することができます。文末に吗は不要です。

●什么以外のおもな疑問詞

シェイ
谁(shéi)：誰

ナァール　　　　ナァーリ
哪儿(nǎr)・哪里(nǎli)：どこ

例　你 是 谁 ?　あなたは誰ですか?
　　ニィ　シー　シェイ
　　Nǐ shì shéi ?

例　老板 在 哪儿 ?
　　ラオバン　ツァイ　ナァール
　　Lǎobǎn zài nǎr?
　　店主はどちらにいらっしゃいますか?

ちょっとだけ文法 2

シェンマ
什么(shénme)を名詞に直接つけて「何の～（名詞）」、「どんな～」という表現も可能です。

例　什么 书　何の本
　　シェンマ　シュウ
　　shénme shū

　　什么 东西　どんなもの
　　シェンマ　ドォンシ
　　shénme dōngxi

　　什么 菜　どんな料理
　　シェンマ　ツァイ
　　shénme cài

　　什么 味儿　どんなニオイ
　　シェンマ　ウァール
　　shénme wèir

こんな場面で使います

Case 1

A 这 是 什么？
デョァ シー シェンマ
Zhè shì shénme?
これは何ですか？

什么じたいが疑問を表す語句なので、文末に吗を
シェンマ
必要としません。

B 这 是 炒面。
デョァ シー チャオミエン
Zhè shì chǎomiàn.
これは焼きそばです。

炒面は「焼きそば」ですが、中国では味付けはソー
チャオミエン
スではなく醤油が基本です。

Case 2

A 邮局 在 哪儿？
ヨウジュィ ヅァイ ナァール
Yóujú zài nǎr?
郵便局はどこにありますか？

哪儿 は「どこ」という意味ですが、哪里 (nǎli)も同
ナァール ナァーリ
じ意味でよく使われます（→p.58）。

B 邮局 在 超市 旁边儿。
ヨウジュィ ヅァイ チャオシー バァンビァール
Yóujú zài chāoshì pángbiānr.
郵便局はスーパーの隣にあります。

超市は「スーパー」という意味で、超级市场(chāojí
チャオシー チャオジィシーチャアン
shìchǎng)が省略されたものです。

場所を表すことば（おもな方位詞）

ココが
ポイント!

中	外	前	後ろ	そば、となり
リィビィアール	ワイビィアール	チエンビィアール	ホウビィアール	バァンビィアール
里边儿	**外边儿**	**前边儿**	**后边儿**	**旁边儿**
lǐbianr	wàibianr	qiánbianr	hòubianr	pángbiānr

＊「名詞＋方位」という組み合わせでも言えます。その場合、方位詞は漢字１文字でも可。

例 **桌子旁** 机のそば
デュオヅバァン
zhuōzipáng

书包里 カバンの中
シュウバオリ
shūbāoli

数をたずねるときに使う表現

いくつ〜しますか?

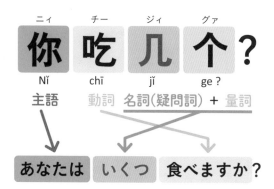

你 吃 几 个 ?
ニィ　チー　ジィ　グァ
Nǐ　chī　jǐ　ge ?

主語　　動詞　名詞(疑問詞) + 量詞

あなたは　いくつ　食べますか?

ちょっとだけ文法 **1**

几(jǐ) はおもに「10未満の数」をたずねる「いくつ」というようなニュアンスで使い、後ろには量詞を伴います。

例 **几 个 人?**　何人ですか?
　ジィ グァ ロェン
　Jǐ　ge　rén ?

ちょっとだけ文法 **2**

多少(duōshao) はおもに「10以上の未知の数」をたずねる「どれくらい」というようなニュアンスで、名詞に直接つけることもできます。

例 **有 多少 页?**　何ページありますか?
　ヨウ ドゥオシャオ イエ
　Yǒu　duōshao　yè ?

また、未知の番号や値段をたずねるときによく使われます。

例 **你 的 电话 号码 是 多少?**　あなたの電話番号は何番ですか?
　ニィ ドァ ディエンホア ハオマァ シー ドゥオシャオ
　Nǐ　de　diànhuà　hàomǎ　shì　duōshao ?

多少 钱?　いくらですか?
ドゥオシャオ チエン
Duōshao　qián ?

こんな場面で使います

Case1

A **你 要 几 个 ？**
Nǐ yào jǐ ge？
あなたはいくつほしいですか？

几は「いくつ」と数をたずねる疑問詞です。後ろ
には量詞が必要です。

B **我 要 两 个 。**
Wǒ yào liǎng ge.
2個ほしいです。

個数を表す2は二ではなく、两(liǎng)を使います
(→p.59)。

Case2

A **你们 班 有 多少 学生 ？**
Nǐmen bān yǒu duōshao xuésheng？
あなたたちのクラスにはどれくらいの学生がいますか？

多少はおもに「10以上のわからない数」をたずね
る疑問詞です。もし受講者が10名未満の場合は
几 个 学生 と置き換えられます。

B **有 三十 个 学生 。**
Yǒu sānshí ge xuésheng.
30人います。

 お金の表現

ココが
ポイント！

お金は、話しことばと書きことばで表現が異なります。

人民元	元	0.1元	0.01元
話しことば	块 kuài	毛 máo	分 fēn
書きことば	元 yuán	角 jiǎo	

「いつ」行うかを伝える表現

…に〜します。

ウォ	ミィンティエン	ホゥイ	グゥオ
我	**明天**	**回**	**国**。
Wǒ	míngtiān	huí	guó.
主語	時間詞	動詞	名詞

私は　明日　国に　帰ります（帰国します）。

ちょっとだけ文法 **1**

　ある動作が行われる「時点」を表現する場合、時間関連の語句を「動詞の前」に置きます。①「主語の後ろ〜動詞の前」でも、②「主語の前」のどちらでもいいのですが、置く場所で意味のニュアンスが多少変わります。

例
ウォ　シアウゥ　ダゴォン
我 下午 打工。　　私は午後にバイトします。
Wǒ　xiàwǔ　dǎgōng.
＊「バイトする」に重きを置いたニュアンスになります。

シアウゥ　ウォ　ダゴォン
下午 我 打工。　　午後、私はバイトします。
Xiàwǔ　wǒ　dǎgōng.
＊特に「午後」を強調。「午前中は空いてるが、午後はバイト」など時間帯にも重きを置いたニュアンスになります。

ちょっとだけ文法 **2**

日にちの表現❶　日にちを表す時間詞は、おもに次のようなものがあります。

昨日	今日	明日
ヅゥオティエン	ジンティエン	ミィンティエン
昨天	**今天**	**明天**
zuótiān	jīntiān	míngtiān
去年	今年	来年
チュィニエン	ジンニエン	ミィンニエン
去年	**今年**	**明年**
qùnián	jīnnián	míngnián

こんな場面で使います

Case 1

A 你 今天 去 吗?
ニィ ジンティエン チュイ マ
Nǐ jīntiān qù ma?
あなたは今日行きますか?

時間関連のことばは動詞の前に置きます。語順に気をつけましょう。

B 不, 我 明天 去。
ブゥ ウオ ミンティエン チュイ
Bù, wǒ míngtiān qù.
いいえ、私は明日行きます。

明天 我 去。とも言えます。ただし、これは明天を特に強調して「明日は私が行きます(今日はあなたが行く)。」のようなニュアンスも出てきます。

Case 2

A 几 点 出发?
ジィ ディエン チュウファア
Jǐ diǎn chūfā?
何時に出かけますか?

几 点 は時刻をたずねるときの表現です。

B 六 点 半 怎么样?
リウ ディエン バン ヅェンマヤン
Liù diǎn bàn zěnmeyàng?
六時半はどうですか?

六 点 半 は「6時半」という意味です。
六 点 三十分 (sānshí fēn)とも言えます。

日にちの表現❷

ココが ポイント!

日にちの表現❶以外にも、次のような時間詞があります。

朝	午前	正午	午後	夜
ヅァオシャアン **早上** zǎoshang	シャアンウゥ **上午** shàngwǔ	チョンウゥ **中午** zhōngwǔ	シアウゥ **下午** xiàwǔ	ワンシャアン **晚上** wǎnshang

先月	今月	来月		
シャアングァユエ **上个月** shànge yuè	チェイグァユエ **这个月** zhèige yuè	シアグァユエ **下个月** xiàge yuè		

動作や様子に含める「ちょっと〜」を伝える表現

少し〜です。

ウオ
我
Wǒ
主語

カンカン
看看。
kànkan.
〈動詞 + 動詞〉

私は　ちょっと見ます。

ちょっとだけ文法 1

動詞を使って「少し〜する」と表現するには次の2つの方法があります。

❶動詞の重ね型

上の例文のように、同じ動詞を重ねて「動作の時間が短いこと」を表します。1文字の動詞の場合、間に一(yi)を挿入することもあります。

❷時間量提示型

短い時間量を表す一下(yíxià)「ちょっとの時間、1回」や、一会儿(yíhuìr)「しばらくの間」を動詞の後ろに置き、「ちょっと〜する」という意味にします。

例　ニィ　カン　イィシア
你 看 一下。　ちょっと見て。
Nǐ kàn yíxià.

ちょっとだけ文法 2

〈有点儿(yǒudiǎnr)+形容詞〉で「少し[形容詞]である」という訳になりますが、これは話し手の気持ちに沿わないマイナスイメージの「ちょっと〜だ」というニュアンスが前提となります。

例　チェイグァ　ヨウディアール　グゥイ
这个 有点儿 贵。　これは少し値段が高いです。
Zhèige yǒudiǎnr guì.

こんな場面で使います

Case1

A 我 先 走 了。
ウオ シエン ヅォウ ルァ
Wǒ xiān zǒu le.
お先に失礼します。

この表現については、ステップ2（→P.37）も参照
してください。

B 等 一下。 我 也 去。
デゥン イィシア ウオ イエ チュイ
Děng yíxià. Wǒ yě qù.
ちょっと待ってください。私も行きます。

等は「待つ」という意味です。等一下は「少し待つ」
デゥン デゥンデゥン デゥンイィホァール
で、このほか等等、等一会儿とも言えます。

Case2

A 今天 天气 怎么样？
ジンティエン ティエンチィ ヅェンマヤン
Jīntiān tiānqì zěnmeyàng?
今日、天気はどうですか？

ティエンチィ
天气は「天気、気候」という意味です。

B 有点儿 冷。
ヨウディアール レゥン
Yǒudiǎnr lěng.
ちょっと寒いです。

ヨウディアール
有点儿は、自分の思い通りではない「少し」とい
うニュアンスです。

 イィディアール
"一点儿"で「少し」を表現 ココが ポイント！

　「少し」という数量を表す名詞一点儿(yìdiǎnr)も動詞・形容詞と組み合わせ
イィディアール
て、「ちょっと〜する」、「少し〜だ」というニュアンスを表します。

❶〈動詞＋一点儿〉
　例 吃 一点儿　　少し食べる　＊直訳は「少量を食べる」の意味です。
チー イィディアール
chī yìdiǎnr.

❷〈形容詞＋一点儿〉
　例 大 一点儿　　少し大きい　＊何かと比較しているニュアンスを有します。
ダァ イィディアール
dà yìdiǎnr.　　（大きめ）

「〜したい」と希望を伝えるときの表現

〜したいです。

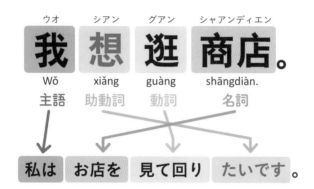

ウォ	シアン	グアン	シャアンディエン
我	想	逛	商店。
Wǒ	xiǎng	guàng	shāngdiàn.
主語	助動詞	動詞	名詞

私は	お店を	見て回り	たいです

ちょっとだけ文法 **1**

　動詞の前に助動詞の想(xiǎng)を置けば「〜したいです」という願望の意味を表します。

　また、否定の意味で「〜したくない」という場合は助動詞の前に不をつけて、〈不想(bùxiǎng)＋動詞〉の形にします。

例 我 想 听 广播。
ウォ シアン ティン グアンボォ
Wǒ xiǎng tīng guǎngbō.　　私はラジオの放送を聴きたいです。

例 我 不想 开 空调。
ウォ ブゥシアン カイ コォンティアオ
Wǒ bùxiǎng kāi kōngtiáo.　　私はエアコンをつけたくありません。

ちょっとだけ文法 **2**

　助動詞の想の前に副詞の很(hěn)を置くと「とても〜したいです」とより強い願望を表すことができます。

例 我 很 想 见 你。
ウォ ヘン シアン ジエン ニイ
Wǒ hěn xiǎng jiàn nǐ.　　私はとてもあなたに会いたいです。

こんな場面で使います

Case1

A 我 想 吃 四川 火锅。
ウォ シアン チー スーチュワン ホゥオグゥオ
Wǒ xiǎng chī Sìchuān huǒguō.
私は四川火鍋が食べたいです。

四川 火锅は、特に辛い味の鍋料理です。
スーチュワン ホゥオグゥオ

B 那，我 百度 一下。
ナァ ウォ バイドゥ イィシア
Nà, wǒ bǎidù yíxià.
じゃ、百度(検索)してみます。

百度は「百度」という中国の検索サイトで、"ググる"のように名詞を動詞化させて言っています。

Case2

A 还是 不行。怎么 办？这个...
ハイシー ブゥシィン ヅェンマ バン チェイグァ
Háishi bùxíng. Zěnme bàn? Zhèige...
やっぱりマズイなぁ。どうしよう？ええと…

还是は「やはり、やっぱり」という意。**怎么 办**は「どうしよう」、**这个**は「ええと…、あの…」のようなつなぎの意味です。

B 真 啰唆！你 想 说 什么？
ヅェン ルオスゥオ ニィ シアン シュオ シェンマ
Zhēn luōsuo! Nǐ xiǎng shuō shénme?
グダグダ言って！ あなたは何が言いたいの？

啰唆は「くどくど言う」という意味です。
ルオスゥオ

動詞の想も確認しましょう
シアン

ココが
ポイント!

想には動詞で「思う、考える」という意味もあります。
シアン

例 我 想 办法。 私は方法を考えます。
ウォ シアン バンファア
Wǒ xiǎng bànfǎ.

また、特に人や故郷などを「想っている、懐かしく思う」というニュアンスでも使えます。この場合、先方が恋愛対象に限らず、友人同士でも「会いたい、懐かしい」という意味でよく使われます。

例 我 想 你。 私はあなたのことを想っています。
ウォ シアン ニィ
Wǒ xiǎng nǐ.

必要があることを伝える表現

〜しなければなりません。

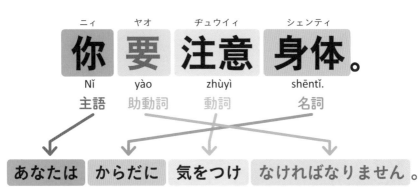

ニィ	ヤオ	ヂュウイィ	シェンティ
你	**要**	**注意**	**身体**。
Nǐ	yào	zhùyì	shēntǐ.
主語	助動詞	動詞	名詞

| あなたは | からだに | 気をつけ | なければなりません 。 |

ちょっとだけ文法 **1**

　動詞の前に助動詞要(yào)を置くと、その動作を「〜しなければならない、〜する必要がある」という意味を表すことができます。

　否定形は〈不用(búyòng)＋動詞〉の形で「〜する必要がない」と訳します。

例
这里 要 脱 鞋。　ここでは靴を脱がねばなりません。
Zhèli　yào　tuō　xié.

例
不用 担心。　心配ご無用。
Búyòng　dānxīn.

ちょっとだけ文法 **2**

　助動詞の要(yào)には願望のニュアンスも含まれ、文脈で「〜したい」と訳すこともあります。否定形で「〜したくない」を表す場合は〈不想(bùxiǎng)＋動詞〉の形にします。

例
我 要 喝 豆浆。　私は豆乳が飲みたいです。
Wǒ　yào　hē　dòujiāng.

こんな場面で使います

Case 1

A 你 今天 晚上 要 做 什么？
Nǐ jīntiān wǎnshang yào zuò shénme?
あなたは今晩何をしなければならないのですか？

做 什么は「何をする」という意味で、動作について制限せず、広くたずねられます。

B 我 要 写 报告。
Wǒ yào xiě bàogào.
私はレポートを書かねばなりません。

写 报告は、「レポートを書く」という意味です。

Case 2

A 我 要 去 吗？
Wǒ yào qù ma?
私は行かなくてはいけませんか？

B 你 不用 去。
Nǐ búyòng qù.
あなたは行かなくていいです。

不用は「〜しなくてよい、〜する必要はない」という意味です。不要とすると「〜するな」という禁止の意味になるので注意しましょう (→p.102)。

ミニテスト 要には、動詞で「ほしい、いる」という意味もあります。品詞の違いに注意して訳してみましょう。

❶（必要の助動詞）我 要 去。（　　　　　　　　　　）
Wǒ yào qù.

❷（動詞）我 要 杂志。（　　　　　　　　　　）
Wǒ yào zázhì.

＊去＝「行く」、杂志＝「雑誌」

答え：❶私は行かねばなりません。 ❷私は雑誌がほしい。

ステップ**3** 覚えておきたい！ 基本のフレーズ

81

技能的に可能かどうかを伝える表現

～できます。

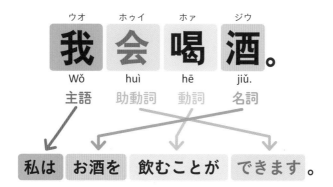

ウオ	ホゥイ	ホァ	ジウ
我	会	喝	酒。
Wǒ	huì	hē	jiǔ.
主語	助動詞	動詞	名詞

| 私は | お酒を | 飲むことが | できます | 。 |

ちょっとだけ文法 1

　助動詞会(huì)は動詞の前に置き、訓練や学習を経て「"身につけて"できる」ことを表す可能表現です。

例 我 会 打 乒乓球。　　　私は卓球ができます。
　　ウオ ホゥイ ダァ ビィンバァンチウ
　　Wǒ huì dǎ pīngpāngqiú.

否定形は不会(búhuì)で、「～できません」という意味です。
　　　　　ブゥホゥイ

例 他 不会 游泳。　　　彼は泳げません。
　　タァ ブゥホゥイ ヨウヨン
　　Tā búhuì yóuyǒng.

ちょっとだけ文法 2

　会(huì)には、「わかる、できる」という意味の動詞としての用法もあります。
　ホゥイ

例 他 会 法语。　　　彼はフランス語ができます。
　　タァ ホゥイ ファアユイ
　　Tā huì Fǎyǔ.

こんな場面で使います

 Case 1

A 你 会 开 车 吗?
ニィ ホゥイ カイ チョァ マ
Nǐ huì kāi chē ma?
あなたは車を運転できますか？

开车は、「車を運転する」という意味です。

B 我 会 开 车。
ウオ ホゥイ カイ チョァ
Wǒ huì kāi chē.
私は運転できます。

否定形の場合は助動詞の前に不 をつけて、不会
とします。

Case 2

A 你 会 说 日语 吗?
ニィ ホゥイ シュオ リーユィ マ
Nǐ huì shuō Rìyǔ ma?
あなたは日本語が話せますか？

会には動詞の用法もあり、 会 日语 と目的語を
直接つけると、「日本語ができる」いう意味にもな
ります。

B 会 一点儿。
ホゥイ イィディアール
Huì yìdiǎnr.
少し話せます。

動詞としての用法です。「少し話すことができる」
という場合は会 说 一点儿となります。

 "会"で可能性を表すこともできる

 ココが ポイント!

可能の助動詞会には「～だろう、～なはずだ」という「可能性」を表すニュ
アンスもあります。文末には、よく的が〈会～的〉のようにセットで使われ
ますが、これには「～の」(→p.62)という意味はなく「だろう、はずだ」という会
の語気を補う役目をしています。

例 她 会 来 的。 彼女は来るはずです。
タァ ホゥイ ライ ドァ
Tā huì lái de.

今天 会 下雨 的。 今日は雨が降るだろう。 ＊下雨は「雨が降る」の意味です。
ジンティエン ホゥイ シアユィ ドァ
Jīntiān huì xiàyǔ de.

DL
3_16

条件面や許可などで可能かを伝える表現

〜できます。

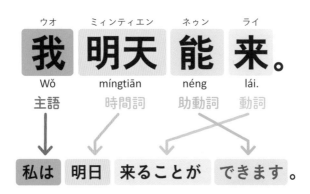

ウォ	ミィンティエン	ネゥン	ライ
我	明天	能	来。
Wǒ	míngtiān	néng	lái.
主語	時間詞	助動詞	動詞

| 私は | 明日 | 来ることが | できます。 |

ちょっとだけ文法 1

助動詞能 (néng) は、〈能 (néng) ＋動詞〉の形で、"能力面や体力面"で「できる」のか、あるいは"条件的"に「できる」のかを話のポイントとした表現です。否定形は不能 (bùnéng) です。

例 我 能 参加 比赛。　　私は試合に参加できます。
　　Wǒ néng cānjiā bǐsài.

ちょっとだけ文法 2

可以 (kěyǐ) は動詞の前に置き、特に「許可」としての「できる」というニュアンスを表します。否定形では不能 (bùnéng) をよく使います。

例 我 可以 发言 吗?　　発言してもいいですか?
　　Wǒ kěyǐ fāyán ma?

　　这儿 不能 抽烟。　　ここは喫煙できません。
　　Zhèr bùnéng chōuyān.

Case1

A 今天 有 事，不能 去。
ジンティエン ヨウ シー ブゥネゥン チュイ
Jīntiān yǒu shì, bùnéng qù.
今日、用事があるので、行けません。

前後の単文が意味的につながっており、ここでは個別に訳さず、「～なので」という接続のニュアンスをふまえて訳しています。

B 没 问题。改天 再 说 吧。
メイ ウェンティ ガイティエン ヅァイ シュオ バ
Méi wèntí. Gǎitiān zài shuō ba.
大丈夫ですよ。また改めて。

改天 再 说 吧は、「日を改めてまた話しましょう」
ガイティエン ヅァイ シュオ バ
という意味です。

Case2

A 可以 进去 吗？
クァイィ ジンチュイ マ
Kěyǐ jìnqu ma?
入ってもいいですか？

进去は、「入っていく」という意味です。
ジンチュイ

B 不能 进去。
ブゥネゥン ジンチュイ
Bùnéng jìnqu.
入ってはいけません。

不能は「～できない」という意味から、さらに「～
ブゥネゥン
してはいけない」という禁止の意味も含みます。

ミニテスト
会・能のどちらがふさわしいか[ ]内に入れましょう。
ホゥイ ネゥン

❶ 私は今日、運転できません。 我 今天 不 [ ] 开车。
ウオ ジンティエン ブゥ カイチョァ
Wǒ jīntiān bù kāichē.

❷ 私は車の運転ができません。 我 不 [ ] 开车。
ウオ ブゥ カイチョァ
Wǒ bú kāichē.

答え：❶能（条件的に「今日はダメ」）。❷会（もともと「できない」）。
ネゥン ホゥイ

好きなことを言うときの表現

〜するのが好きです。

ウオ　　シィホワン　　チー　　ヂォングゥオツァイ

我 喜欢 吃 中国菜。

Wǒ　　xǐhuan　　chī　　Zhōngguócài.

主語　　　動詞　　　[動詞＋名詞 セット]

私は　[中華料理を　食べる]のが　好きです。

ちょっとだけ文法 **1**

「〜するのが好きだ」と言うときは〈喜欢(xǐhuan)＋[動詞＋名詞]〉が
シィホワン
基本なのですが、特にふさわしい動詞が思い当たらない場合は〈喜欢
シィホワン
(xǐhuan)＋名詞〉と言ってもかまいません。

ウオ　シィホワン　ヂォングゥオ
例 我 喜欢 中国。　私は中国が好きです。
　　Wǒ　xǐhuan　Zhōngguó.

ちょっとだけ文法 **2**

「〜が好きではない」と言うときは不喜欢(bù xǐhuan)〜と言います。も
ブゥシィホワン
う少しやんわりと「〜があまり好きではない」と言いたい場合は、不太
ブゥタイ
シィホワン
喜欢(bútài xǐhuan)〜としましょう。

ウオ　ブゥタイ　シィホワン　チャアン　カァラァオウケイ
例 我 不太 喜欢 唱 卡拉OK。
　　Wǒ　bútài　xǐhuan　chàng　kǎlā-OK.

私はカラオケで歌うのがあまり好きではありません。

こんな場面で使います

Case1

A
学 汉语 有意思 吗?
シュエ ハンユィ ヨウイィス マ
Xué Hànyǔ yǒuyìsi ma?
中国語の勉強は面白いですか?

「中国語を学ぶ」という〈動詞＋名詞〉の形が主語になった文です。有意思は「面白い」という意味。

B
很 有意思。我 很 喜欢 学 汉语。
ヘン ヨウイィス　ウオ ヘン シィホワン シュエ ハンユィ
Hěn yǒuyìsi. Wǒ hěn xǐhuan xué Hànyǔ.
面白いです。私は中国語の勉強がとても好きです。

喜欢の前に很を置くと「とても好きです」と程度を強調できます。

Case2

A
你 喜欢 哪个?
ニィ シィホワン ネイグァ
Nǐ xǐhuan něige?
どれが好きですか?

喜欢の後に使うべき動詞がわからない場合は〈喜欢＋名詞〉でもOKです。

B
我 喜欢 这个。
ウオ シィホワン ヂェイグァ
Wǒ xǐhuan zhèige.
これが好きです。

「あれ」の場合は那个 (nèige)です。哪个 (něige)「どれ」と発音が似ているので声調の違いに要注意!

ステップ **3** 覚えておきたい! 基本のフレーズ

ミニテスト　ふさわしい動詞を[　]の中から選びましょう。

❶ 彼は映画が好きです。

タァ シィホワン チュイ カン ティン ディエンイィン
他 喜欢 [去 看 听] 电影。
Tā xǐhuan [qù kàn tīng] diànyǐng.

❷ 弟は野菜が好きではありません。

ディーディ プゥシィホワン チー カン マイ シュウツァイ
弟弟 不喜欢 [吃 看 买] 蔬菜。
Dìdi bù xǐhuan [chī kàn mǎi] shūcài.

答え：❶看^{カン}　❷吃^{チー}

人に何かを「授ける、もらう」ときの表現

…に〜します。

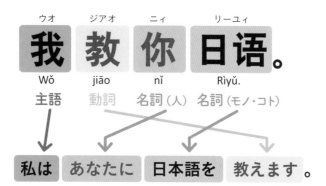

| | ウォ
我
Wǒ
主語 | ジアオ
教
jiāo
動詞 | ニィ
你
nǐ
名詞（人） | リーユィ
日语。
Rìyǔ.
名詞（モノ・コト） |

私は　あなたに　日本語を　教えます 。

　　二重目的語をとる動詞は、英語の give や tell のような〈S＋V＋O＋O〉の語順で、「授受」のニュアンスを表すものが使われます。おもな動詞には以下のようなものがあります。

ゲイ **给** gěi	あげる	ソォン **送** sòng	プレゼントする
ガオス **告诉** gàosu	告げる、伝える	ウェン **问** wèn	質問する

　　語順を換えるだけで授受の対象が変わります。また、日本語の訳し方にも気をつけてみましょう。

例　ウォ ゲイ タァ ディエンシン
我 给 她 点心。　私は彼女にお菓子をあげます。
　　Wǒ gěi tā diǎnxin.

　　タァ ゲイ ウォ ディエンシン
她 给 我 点心。　彼女は私にお菓子をくれます。
　　Tā gěi wǒ diǎnxin.

＊どちらも動詞给(gěi)を使っていますが、上の文は「私が〜をあげる」で、下の文は「私に〜をくれる」と訳すのが自然ですね。
＊**点心**(ディエンシン)には「中華料理の軽食」の意味もあります。

こんな場面で使います

Case 1

A
ニィ ガオス タァ ヂェイジエンシー マ
你 告诉 他 这件事 吗？
Nǐ gàosu tā zhèi jiàn shì ma?
あなたは彼にこのことを伝えますか？

告诉は「告げる、伝える」で、这件事は「このこと、この事柄」という意味です。

B
ウオ ブゥシアン ガオス タァ ヂェイジエンシー
我 不想 告诉 他 这件事。
Wǒ bùxiǎng gàosu tā zhèi jiàn shì.
私は彼にこのことを伝えたくありません。

助動詞は動詞の前に置きます。

Case 2

A
ゲイ ウオ イィ グァ バ
给 我 一 个 吧。
Gěi wǒ yí ge ba.
私に1つください。

给 我~で、「私に~をください」という意味になります。

B
ブゥシン ヂョア シー ウオ ドァ
不行，这 是 我 的。
Bùxíng, zhè shì wǒ de.
ダメです。これは私のだよ。

不行は「ダメである」という意味です（→p.41）。

ミニテスト 日本語の意味に合うように、[　]内の語句を正しく並べ替えましょう。

❶ 私は彼にこれをあげます。
ヂェイグァ ウオ ゲイ タァ
[这个 我 给 他]。
zhèige wǒ gěi tā

❷ 彼は私にそれをくれません。
ウオ ブゥ タァ ネイグァ ゲイ
[我 不 他 那个 给]。
wǒ bù tā nèige gěi

答え：❶我 给 他 这个。　❷他 不 给 我 那个。

ステップ**3** 覚えておきたい！ 基本のフレーズ

DL
3_19

動作を行う場所や対象を限定する表現

…で〜します。

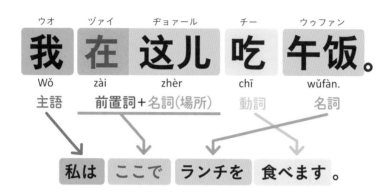

ウオ	ヅァイ	ヂョアール	チー	ウゥファン
我	在	这儿	吃	午饭。
Wǒ	zài	zhèr	chī	wǔfàn.
主語	前置詞+名詞（場所）		動詞	名詞

| 私は | ここで | ランチを | 食べます。 |

ちょっとだけ文法 1

動詞の前に〈在(zài)＋場所〉の形で並べると、「(場所)で名詞を〜する」という意味になり、動作が発生する場所を示します。

例
ウオ　ヅァイ　タイベイ　ゴンヅゥオ
我 在 台北 工作。　　私は台北で働きます。
Wǒ　zài　Táiběi　gōngzuò.

タァ　ヅァイ　トゥシュウグワン　ジエ　シュウ
他 在 图书馆 借 书。　　彼は図書館で本を借ります。
Tā　zài　túshūguǎn　jiè　shū.

ちょっとだけ文法 2

同じく動詞の前に前置詞给(gěi) を介した語順で 〈给(gěi)＋人＋動詞＋名詞〉の形では、「(人)に名詞を〜してあげる」という意味を表します。

例
ウオ　ゲイ　タァ　ダァ　ディエンホア
我 给 他 打 电话。　　私は彼に電話をかけます。
Wǒ　gěi　tā　dǎ　diànhuà.

こんな場面で使います

ステップ **3** 覚えておきたい！ 基本のフレーズ

Case1

A 在 哪儿 买 票？
ヴァイ　ナァール　マイ　ピアオ
Zài nǎr mǎi piào?
どこでチケットを買いますか？

票 は「チケット全般」を指します。

B 在 便利店 买。
ヴァイ　ビエンリィディエン　マイ
Zài biànlìdiàn mǎi.
コンビニで買います。

便利店 は「コンビニエンスストア」
という意味です。チェーン店以外
の個人経営のお店もあります。

Case2

A 我 想 吃 饺子。
ウオ　シアン　チー　ジアオヅ
Wǒ xiǎng chī jiǎozi.
私はギョウザが食べたいです。

B 那 我 给 你 包 饺子 吧。
ナァ　ウオ　ゲイ　ニィ　バオ　ジアオヅ　バ
Nà wǒ gěi nǐ bāo jiǎozi ba.
じゃあ、あなたにギョウザを作ってあげますよ。

给 你 の後ろに動詞句を置くと、「あなたに〜して
あげる」という意味になります。
包 饺子 は「ギョウザを包む」が直訳ですが、調理
を含む「ギョウザを作る」と訳すことも多いです。

不 (bù) を置く位置で意味が変わる!?

ココが
ポイント！

前置詞の文では、不 (bù) を置く位置でニュアンスが変わることがあります。

例 我 在 家 喝 酒。
ウオ　ヴァイ　ジア　ホァ　ジウ
Wǒ zài jiā hē jiǔ.

→ 我 不 在 家 喝 酒。　　　私は家ではお酒を飲みません。
ウオ　ブウ　ヴァイ　ジア　ホァ　ジウ
Wǒ bú zài jiā hē jiǔ.

→ 我 在 家 不 喝 酒。　　　私は家でお酒を飲みません。
ウオ　ヴァイ　ジア　ブウ　ホァ　ジウ
Wǒ zài jiā bù hē jiǔ.

＊上の文は「名詞（場所）」の部分を否定し、下の文は「動詞」じたいを否定しています。

動作の進行を表す表現

〜しているところです。

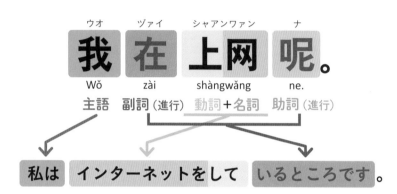

ウオ　　ヅァイ　　シャアンファン　　ナ
我　在　上网　呢。
Wǒ　zài　shàngwǎng　ne.
主語　副詞（進行）　動詞＋名詞　助詞（進行）

私は　インターネットをして　いるところです。

ちょっとだけ文法 1

　動作の進行を表す副詞 在 (zài) は動詞の前に置き、「〜しています、〜しているところだ」という意味を表します。
　文末の助詞 呢 (ne) と組み合わせて〈在 (zài) ＋動詞＋名詞＋呢 (ne)〉となることがよくあります。

例　ターメン　ヅァイ　カイ　ホゥイ　ナ
　　他们 在 开 会 呢。　彼らは会議をしているところです。
　　Tāmen zài kāi huì ne.

ちょっとだけ文法 2

　副詞在 (zài) と助詞呢 (ne) は、それぞれ単独で用いても動作の進行を表すことができます。

例　ウオ　ヅァイ　ヅゥオ　ジアウゥ
　　我 在 做 家务。　　私は家事をしています。
　　Wǒ zài zuò jiāwù.

　　ターァ　ワァール　ヨウシィ　ナ
　　她 玩儿 游戏 呢。　彼女はゲームをしています。
　　Tā wánr yóuxì ne.

こんな場面で使います

Case1

A 他 在 干 什么 呢?
タァ ヅァイ ガン シェンマ ナ
Tā zài gàn shénme ne?
彼は何をしているのですか?

干 什么は「何をする」で、做 什么(→ p.81)同様、動
作について制限なくたずねられます。

B 他 在 做 作业 呢。
タァ ヅァイ ヅゥオ ヅゥオイエ ナ
Tā zài zuò zuòyè ne.
彼は宿題をやっているところです。

做 作业は「宿題をする」という意味です。特にレポートなど"書く"宿題の
場合は、写 作业(xiě zuòyè)と言うこともあります。

Case2

A 你 在 听 什么 音乐 呢?
ニィ ヅァイ ティン シェンマ インユエ ナ
Nǐ zài tīng shénme yīnyuè ne?
あなたは何の音楽を聴いているのですか?

〈什么+名詞〉で「何の~、どんな~」という意味に
なります。

B 我 在 听 古典 音乐 呢。
ウオ ヅァイ ティン グゥディエン インユエ ナ
Wǒ zài tīng gǔdiǎn yīnyuè ne.
クラシックを聴いているところです。

古典 音乐は「クラシック音楽」という意味です。

在(zài)は品詞によって使い方が違う

ココが
ポイント!

在(zài)は品詞の違いによって次の3つの使い方があります。まとめて覚え
ましょう。

❶動詞(→p.68) 例 他 在 家。 彼は家にいます。
タァ ヅァイ ジア
Tā zài jiā.

❷前置詞(→p.90) 例 他 在 家 看 书。 彼は家で読書します。
タァ ヅァイ ジア カン シュウ
Tā zài jiā kàn shū.

❸副詞(→p.92) 例 他 在 看 书 呢。 彼は読書しているところです。
タァ ヅァイ カン シュウ ナ
Tā zài kàn shū ne.

動作の様子や評価を述べる表現

〜するのが…です。

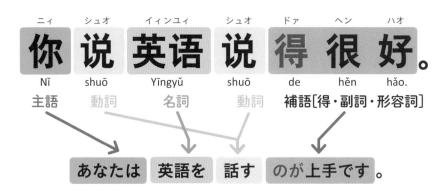

ニィ	シュオ	イィンユィ	シュオ	ドァ	ヘン	ハオ
你	说	英语	说	得	很	好。
Nǐ	shuō	Yīngyǔ	shuō	de	hěn	hǎo.
主語	動詞	名詞	動詞	補語[得・副詞・形容詞]		

あなたは　英語を　話す　のが上手です。

ちょっとだけ文法 1

　動作の様子や評価、動作をした結果などは、助詞得(de)を用いて表します。

　語順は〈主語＋（動詞①）＋名詞＋動詞②＋[得(de)＋形容詞句]〉ですが、最初の動詞①は省略が可能です。

例
タァ　ハンユィ　シュオドァ　チェン　リウリィ
他 汉语 说得 真 流利。
Tā Hànyǔ shuōde zhēn liúlì.
彼は中国語を話すのが本当に流暢です。

ちょっとだけ文法 2

　否定形では動詞そのものを否定するのではなく、動作の様子や評価部分の形容詞を不(bù)で否定します。

例
ウオ　チー　ファン　チードァ　ヘン　クワイ
我 吃饭 吃得 很 快。
Wǒ chī fàn chīde hěn kuài.
私は食事をするのがはやいです。

ウオ　チー　ファン　チードァ　ブゥ　クワイ
我 吃饭 吃得 不 快。
Wǒ chī fàn chīde bú kuài.
私は食事をするのがはやくありません。

こんな場面で使います

Case1

A 你 做 菜 做得 好 吗?
Nǐ zuò cài zuòde hǎo ma?

あなたは料理が上手ですか？

做 菜 は、「料理を作る」という意味です。疑問文のとき、得のあとの形容詞に很はつきません。

B 还 可以 。
Hái kěyǐ.

まあまあです。

还は「まあまあ〜」というニュアンスをもつ副詞で、可以も「悪くない」というようなニュアンスです。

Case2

A 她 唱 歌 唱得 很 好!
Tā chàng gē chàngde hěn hǎo!

彼女は歌がうまいですね！

唱 が「歌う」という動詞で、歌(儿)は「歌」という名詞です。

B 很 好听。
Hěn hǎotīng.

聞いていて心地よいです。

好听は「聞きやすい、聞いて心地よい」という意味です。

ミニテスト 日本語の意味に合うように、[ ]内の語句を正しく並べ替えましょう。

❶ 彼はギョウザを作るのがうまいです。 [他 很 包 饺子 好 包 得]。
tā hěn bāo jiǎozi hǎo bāo de

❷ 私は車を運転するのが上手ではありません。 [我 得 好 开 车 开 不]。
wǒ de hǎo kāi chē kāi bù

答え：❶他 包 饺子 包 得 很 好。 ❷我 开 车 开 得 不 好。

95

相手にお願いするときに使う表現

どうぞ～してください。

チィン　ファアンソォン

请 放松。

Qǐng　fàngsōng.

動詞　　動詞

どうぞ　リラックスして　ください 。

ちょっとだけ文法 1

動詞请(qǐng)は、「どうぞ～してください」という決まり文句でよく使われます。

例 **请 坐。** どうぞおすわりください。
Qǐng zuò.

请 喝 茶。 お茶をどうぞ。
Qǐng hē chá.

ちょっとだけ文法 2

動詞请(qǐng)はもともと「お願いする、～していただくよう頼む」という意味で、相手に「その動作を促す、頼む」ということを表します。

上記のフレーズを主語と対象者を省略しないで書くと以下のようになります。

例 **我 请 他 帮忙。** 私は彼に手伝うよう頼みます。
Wǒ qǐng tā bāngmáng.

こんな場面で使います

Case1

A　チィン ティエンシエ ニン ドァ ミィンヅ
请 填写 您 的 名字。
Qǐng tiánxiě nín de míngzi.
お名前をご記入願います。

ティエンシエ
填写は「書き込む、記入する」という意味です。
ミィンヅ
名字は「名前」という意味です。

B　ヅァイ ヂョァール シエ シンミィン ドゥイ マ
在 这儿 写 姓名，对 吗？
Zài zhèr xiě xìngmíng, duì ma?
ここに氏名を書けばいいですか？

ドゥイ マ
对 吗は「正しいですか、合っていますか」という
念押しのニュアンスがあります。

Case2

A　チィン チョウイエン
请 抽烟。
Qǐng chōu yān.
おタバコをどうぞ。

チョウイエン
抽烟は「タバコを吸う」で、吸烟(xīyān)とも言い
ます。中国ではタバコやお茶は、まず周りの人にすす
めることが多いです。

B　ウオ ブゥ チョウ
我 不 抽。
Wǒ bù chōu.
私は吸いません。

まず、すすめていただいたお礼に谢谢(xièxie)と
伝えるのもよいですね。

 请 (qǐng) には「ごちそうする」の意味も　ココが ポイント!

チィン
動詞请 (qǐng) には、「ごちそうする、おごる、招待する」という意味もあります。

例　ウオ チィン ニィ チー ファン
我 请 你 吃 饭。　私はあなたに食事をごちそうします。
Wǒ qǐng nǐ chī fàn.

ウオ チィン ニィ ホァ カァフェイ
我 请 你 喝 咖啡。　私はあなたにコーヒーをおごります。
Wǒ qǐng nǐ hē kāfēi.

動作が実行されたことを伝える表現

～しました。

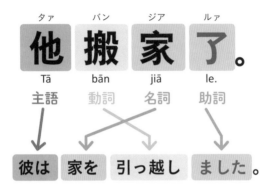

他 搬 家 了。
タァ バン ジア ルァ
Tā bān jiā le.
主語 動詞 名詞 助詞

彼は 家を 引っ越し ました。

ちょっとだけ文法 1

〈主語＋動詞＋名詞＋了(le)〉「主語は名詞を～しました」の形で、動作の実現や完了、あるいは新たな状況が出現したことを表し、「～しました、(その状況に)～なりました」というニュアンスの訳になります。

例 孩子 睡 了。　　子どもは寝ました。
ハイヅ シュイ ルァ
Háizi shuì le.

我 吃 晚饭 了。　私は夕食を食べました。
ウォ チー ワンファン ルァ
Wǒ chī wǎnfàn le.

ちょっとだけ文法 2

否定形のときは文末の了(le)を取り、動詞の前に没(有)(méiyou)を置くと「～しなかった、～していない」の意味を表します。
また、还(hái)「まだ」を没(méi)の前につけると「まだ～していない」というニュアンスを加えることができます。

例 我 还 没 洗澡。　私はまだ入浴していません。
ウォ ハイ メイ シィヅァオ
Wǒ hái méi xǐzǎo.

こんな場面で使います

 Case 1

A 他 去 哪儿 了?
タァ チュイ ナァール ルァ
Tā qù nǎr le?
彼はどこに行ったの?

文末に了のあるこの文は「彼がどこかに行って」
（完了）、「まだ帰ってきていない（現在までに至る
変化）」というニュアンスを有しています。

B 他 去 夏威夷 了。
タァ チュイ シアウェイィイ ルァ
Tā qù Xiàwēiyí le.
ハワイに行きました。

夏威夷は「ハワイ」という意味です。ハワイを訪問する中国人も増えています。

 Case 2

A 不好 了! 烧焦 了!
ブゥハオ ルァ シャオジアオ ルァ
Bùhǎo le! Shāojiāo le!
まずい! 焦げました!

不好 了は、〈不好（よくない）＋了（変化）〉で、直
訳は「よくない状況になってしまいました」です。

B 快 关火 吧!
クワイ グワンホゥオ バ
Kuài guānhuǒ ba!
早く火を消してください!

关火は、「（ガスレンジやコンロの）火を消す」とい
う意味です。火事などの消火活動における「火を
消す」は灭火（mièhuǒ）と言います。

 変化のニュアンスで訳すもの

 ココが ポイント!

❶動作性のない動詞、❷形容詞、❸不〜了の形では必ず「変化」のニュアンスで訳します。

❶ 他 是 大学生 了。　　彼は大学生になりました。
タァ シー ダァシュエション ルァ
Tā shì dàxuéshēng le.

❷ 东西 贵 了。　　品物が高くなりました。
ドォンシ グゥイ ルァ
Dōngxi guì le.

❸ 不 去 了。　　行かないことにしました。
ブゥ チュイ ルァ
Bú qù le.

ステップ **3** 覚えておきたい！ 基本のフレーズ

経験を伝えるときに使う表現

〜したことがあります。

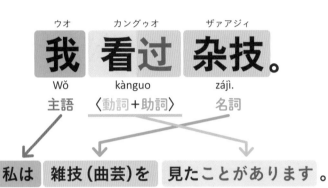

ウオ　カングゥオ　ザァアジィ
我 看过 杂技。

Wǒ　kànguo　zájì.

主語　〈動詞＋助詞〉　名詞

私は　雑技（曲芸）を　見たことがあります。

ちょっとだけ文法 1

　肯定形は動詞の後ろに过(guo)を置き、「〜したことがある」という意味を表します。过(guo)の発音は軽声なので、動詞のあとに軽く発音しましょう。

例 ウオ　パァ グゥオ　フゥシーシャン
我 爬过 富士山。　私は富士山に登ったことがあります。
Wǒ　páguo　Fùshìshān.

ちょっとだけ文法 2

　否定形は〈動詞＋过(guo)〉の前に没(有)(méiyou)をつけ、「〜したことがありません」とします。
　さらに、还(hái)「まだ〜」や从来(cónglái)「今まで〜」という副詞を没(méi)の前につけると、より細かなニュアンスを表現できます。

例 ウオメン　ツォンライ メイ チャオグオ ジア
我们 从来 没 吵过 架。
Wǒmen　cónglái méi chǎoguo jià.
私たちは今まで口げんかしたことがありません。

こんな場面で使います

Case1

A 你 滑过 雪 吗？
ニィ ホアグゥオ シュエ マ
Nǐ huáguo xuě ma?
あなたはスキーをしたことがありますか？

滑雪は、「スキーをする」という意味です。「スキー
をしたことがある」を、滑雪过としないでください。

B 我 没 滑过 雪。
ウオ メイ ホアグゥオ シュエ
Wǒ méi huáguo xuě.
私はスキーをしたことがありません。

否定形も不滑过としないように。ちなみに簡体字の「滑」と日本語の「滑」
は字が少し違うのに気づきましたか？

Case2

A 你 吃过 臭豆腐 吗？
ニィ チーグゥオ チョウドウフ マ
Nǐ chīguo chòudòufu ma?
臭豆腐を食べたことがありますか？

臭豆腐は、「豆腐を発酵させた加工食品」です。に
おいが特有で、日本人には少々食べづらい食品で
す。屋台などで揚げたてを売っています。

B 我 还没 吃过。
ウオ ハイメイ チーグゥオ
Wǒ háiméi chīguo.
まだ食べたことがありません。

还は「まだ」という意味で、还没〜过の形で「まだ
〜したことがない」として常用されます。

ステップ**3** 覚えておきたい！ 基本のフレーズ

ミニテスト

日本語の意味に合うように、[　]内に1文字ずつ入れ
て文を完成させましょう。

❶ あなたは日本に行ったことがありますか？

你 [　] [　] 日本 吗？
ニィ リーベン マ
Nǐ Rìběn ma?

❷ 私はタバコを吸ったことはありません。

我 [　] 抽 [　] 烟。
ウオ チョウ イエン
Wǒ chōu yān.

答え：❶ [去] [过]　❷ [没] [过]

101

相手にやめてもらうよう伝える表現

〜しないでください。

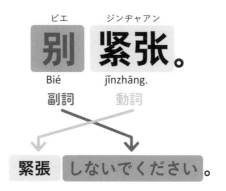

別　緊张。

ビエ　　ジンヂャアン

Bié　jǐnzhāng.

副詞　　動詞

緊張　しないでください。

ちょっとだけ文法 **1**

　副詞别 (bié) は口語でよく使う「〜しないでください、〜するな」という
禁止の表現です。

　このほか、書面語でも使える副詞不要 (búyào) も禁止表現でよく使われ
ます。

例 **不要 客气！**　遠慮しないで！
　Búyào　kèqi!

ちょっとだけ文法 **2**

　特にすでに行われている行為や、そうすることがわかるものへの禁止
を伝えるには、别 (bié) 〜了 (le)、不要 (búyào) 〜了 (le) という言い方もできます。

例 **别 哭 了！**　泣かないで！
　Bié　kū　le!

不要 吵 了！　騒がないでください！
　Búyào chǎo　le !

こんな場面で使います

Case 1

A ミンティエン ブゥネゥン チュイ イエンチャアンホゥイ ルァ
明天 不能 去 演唱会 了。
Míngtiān bùnéng qù yǎnchànghuì le.
明日、コンサートに行けなくなりました。

イエンチャアンホゥイ
演唱会 は、「コンサート、演奏会」という意味です。
ブゥネゥン ルァ
不能〜了は、「〜ができなくなった」という新たな
状況が発生したニュアンスを表します。

B ビエ カイ ワンシアオ
别 开 玩笑!
Bié kāi wánxiào!
冗談を言わないで！

カイ ワンシアオ
开 玩笑 は「冗談を言う」という意味です。

Case 2

A ウオ ヘン クゥン
我 很 困。
Wǒ hěn kùn.
眠たいな。

クゥン
困は「眠い」という意味の形容詞です。

B ビエ シュイ ルァ
别 睡 了。
Bié shuì le.
寝ないでよ。

ビエ ルァ
别〜了は、すでに行われている、あるいはそうし
ようとしている人への禁止を伝える表現です。

「辛くしないで」という言い方

ココが
ポイント！

　日本でも人気の麻婆豆腐、担担麺や火鍋はいずれも辛さが特徴の中華料理
です。ただし、中国で食べると想像以上に辛いのでご注意ください。
　心配な方は先に**别太辣**。(Bié tài là.)「あまり辛くしないで」と伝えておきま
しょう。
　料理の辛さと熱さにふきだした汗を「ハンカチやタオルで拭く」と、日本
人観光客とすぐわかるそうです。では、現地の人は食事中に汗をかいたらど
うするのでしょうか？　おもに使い捨ての紙ナプキンを使ったり、指で
チャッと汗をぬぐいはらうことが多いようです。

身近なコミュニケーション

DL
3_26

常用の疑問詞を使った簡単な質問や答え方をぜひ覚えましょう。

誕生日をたずねる

あなたの誕生日は何月何日ですか？

ニィ ドァ ションリー ジィ ユエ ジィ ハオ
你 的 生日 几 月 几 号 ？
Nǐ de shēngrì jǐ yuè jǐ hào?

私の誕生日は12月25日です。

ウオ ドァ ションリー シーアル ユエ アルシウゥ ハオ
我 的 生日 十二 月 二十五 号 。
Wǒ de shēngrì shí'èr yuè èrshiwǔ hào.

年齢をたずねる

あなたは今年何歳になりましたか？

ニィ ジンニエン ドゥオダァ ルァ
你 今年 多大 了 ？
Nǐ jīnnián duōdà le?

＊〈多＋形容詞〉で「どれくらい〜ですか」という意味になります。

私は今年30歳になりました。

ウオ ジンニエン サンシー スゥイ ルァ
我 今年 三十 岁 了 。
Wǒ jīnnián sānshí suì le.

住所をたずねる

あなたはどこに住んでいますか？

ニィ ヂュウヅァイ ナァール
你 住在 哪儿 ？
Nǐ zhùzài nǎr?

私は東京に住んでいます。

ウオ ヂュウヅァイ ドォンジィン
我 住在 东京 。
Wǒ zhùzài Dōngjīng.

吗や疑問詞を使いこなして、身近な話題からどんどんおしゃべりしてみましょう。"実践"は大事ですよ！

これで旅行もバッチリ！

場面別定番
フレーズ

机场
空港

航站楼
hángzhànlóu
ターミナル

空姐
kōngjiě
キャビンアテンダント

麻烦 您，给 我 一 杯 水。
Máfan nín, gěi wǒ yì bēi shuǐ.
すみません、私にお水をください。

飞机
fēijī
飛行機

Cafe

TAX FREE

両替
EXCHANGE

免税店
miǎnshuìdiàn
免税店

兑换处
duìhuànchù
両替所

机票
A jīpiào
航空券

○○○ Airlines

Check in

行李箱
xínglixiāng
スーツケース

入境審査
ロゥジィンシェンチャア
入境审查
rùjìng shěnchá
入国審査

这是我的护照。
ヂョア シー ウォ ドァ ホゥヂャオ
这 是 我 的 护照。
Zhè shì wǒ de hùzhào.
私のパスポートです。

护照
ホゥヂャオ
护照
hùzhào
パスポート

行李托运处
シィンリトゥオユインチュウ
行李托运处
xíngli tuōyùnchù
手荷物受取所

海关
ハイグワン
海关
hǎiguān
税関

出租车
チュウヅゥチョア
出租车
chūzūchē
タクシー

请去这里。
チィン チュイ ヂョァリ
请 去 这里。
Qǐng qù zhèli.
ここまでお願いします。

机场巴士
ジィチャアン バァシー
机场巴士
jīchǎng bāshì
リムジンバス

ステップ**4**

これで旅行もバッチリ！ 場面別定番フレーズ

第1課

機内で使えるフレーズ

旅の第一歩。ネイティブのCAさんを見かけたら
さっそく中国語を使ってみましょう。

機内でCAにお願いする

ニン　ヨウ　シェンマ　シー　マ
您 有 什么 事 吗？
Nín yǒu shénme shì ma？
何かご用でしょうか？

マァファン　ニン　ゲイ　ウオ　イィ　ベイ　シュイ
麻烦 您, 给 我 一 杯 水。
Máfan nín, gěi wǒ yì bēi shuǐ.
すみません、私にお水をください。

ゲイ　ウオ
给 我 (gěi wǒ)〜で「私に〜をください」という意味になります。次のように
そのうしろにほしいものを入れてお願いすることができます。

ゲイ　ウオ　ロゥジィンカァ
例 给 我 入境卡。　　　　入国カードをください。
Gěi wǒ rùjìngkǎ.

ゲイ　ウオ　イィ　ティオ　マオタン
给 我 一 条 毛毯。　　　ブランケットを１枚ください。
Gěi wǒ yì tiáo máotǎn.

フレーズ 1 　通路側の席の人に声をかける

让 一下。
ロァアン　イィシア

Ràng　yíxià.

ちょっと通らせていただ
きます。

表現　让 (ràng)は「譲る」という意味の動詞で直訳は「ちょっとお譲りくだ
さい」です。

フレーズ 2 　機器の不調を訴える

这个 耳机 坏 了。
ヂェイグァ　アルジィ　ホワイ　ルァ

Zhèige　ěrjī　huài　le.

このイヤホンは壊れてい
ます。

プラスα　映画を見るモニターが表示されないときは、屏幕没反应 (Píngmù méi
ビィンムゥメイ ファンイィン
fǎnyìng)「モニターが反応しません」と伝えましょう。

フレーズ 3 　読む物がないかたずねる

有 什么 读物 吗？
ヨウ　シェンマ　ドゥウゥ　マ

Yǒu　shénme　dúwù　ma ?

何か読む物はあります
か？

表現　ここでの、什么 (shénme)は「何か」という不定の意味を表します。
シェンマ
プラスα　读物 (dúwù)を喝的 (hē de)「飲み物」や、吃的 (chī de)「食べ物」に入れ替
ドゥウゥ　　　ホァドァ　　　　　　　　　　チードァ
えても使えますね。

フレーズ 4 　座席の変更をお願いする

我 能 换下 座位 吗？
ウオ　ネゥン　ホワンシア　ヅゥオウェイ　マ

Wǒ　néng　huànxia　zuòwèi　ma ?

座席を交換できますか？

表現　换 (huàn)は「取り替える、交換する」という意味です。
ホワン
語彙　靠路 的 (kàolù de)「通路側」／靠窗 的 (kàochuāng de)「窓側」
カオルゥ ドァ　　　　　　　　　　カオチュアン ドァ

ステップ **4**
これで旅行もバッチリ！ 場面別定番フレーズ

第2課

空港で使えるフレーズ

いよいよ中国に到着しました。中国語を使えば、
手続きもスムーズになるかもしれませんよ。

入国審査でパスポートを提示する

チィン　チュウシー　ホゥヂャオ
请 出示 护照。
Qǐng chūshì hùzhào.
パスポートをご提示願います。

ヂョァ　シー　ウオ　ドァ　ホゥヂャオ
这 是 我 的 护照。
Zhè shì wǒ de hùzhào.
私のパスポートです。

　　パスポートを提示したあと、想定される質問と解答のシンプルな例を挙げ
ておきます。審査後には、ぜひ谢谢(xièxie)(→p.44)と審査官に挨拶しておき
ましょう。

例
ニィ　ライ　ヂョングゥオ　ヅゥオ　シェンマ
你 来 中国 做 什么？
Nǐ lái Zhōngguó zuò shénme ?

あなたは中国に何をしにいらしたのですか？

リュィヨウ
- 旅游。
Lǚyóu.

旅行です。

ニィ　ヅァイ　ヂョングゥオ　ダイ　ジィ　ティエン
你 在 中国 待 几 天？
Nǐ zài Zhōngguó dāi jǐ tiān ?

あなたは中国に何日間滞在しますか？

スーティエン
- 四天。
Sìtiān.

4日間です。

フレーズ **1** 手荷物受取所でトラブルを伝える

ウオ ドァ シンリ ヂャオブダオ ルァ
我 的 行李 找不到 了。 荷物が見つかりません。
Wǒ de xíngli zhǎobudào le.

表現 找不到 (zhǎobudào)は、不可能を表し「見つけることができない」という意味です。

フレーズ **2** 両替所の場所をたずねる

ドゥイホワンチュウ ヅァイ ナァール
兑换处 在 哪儿? 両替所はどこにありますか?
Duìhuànchù zài nǎr?

語彙 登机口 (dēngjīkǒu)「搭乗口」／卫生间 (wèishēngjiān)「(公共施設などの) トイレ」

フレーズ **3** 両替をする

ウオ ヤオ ホワン サン ワン リーユエン
我 要 换 三 万 日元。 私は3万円両替したいです。
Wǒ yào huàn sān wàn Rìyuán.

表現 動詞の换 (huàn)は後ろにお金があると「両替する」という意味を表します。レートをよく確認して交換しましょう。

フレーズ **4** 飛行機に搭乗する時刻をたずねる

ジィ ディエン カイシー デゥンジィ
几 点 开始 登机? 何時から搭乗開始ですか?
Jǐ diǎn kāishǐ dēngjī?

表現 〈开始 (kāishǐ)＋動詞〉の形で「〜し始める」という意味になります (時刻の表現→p.52)。

ステップ **4** これで旅行もバッチリ! 場面別定番フレーズ

第3課

市内への移動で使えるフレーズ

空港から市内への移動はいろいろな方法があります。
街並みや景色も楽しみたいですね。

タクシーの運転手に行き先を伝える

您 去 哪儿？
ニン チュイ ナァール
Nín qù nǎr?
どちらまで？

请 去 这里。
チィン チュイ ヂョァリ
Qǐng qù zhèli.
ここまでお願いします。

　ホテル名や住所を書いた紙を渡したり、地図を指差しながら運転手さんに
行き先を伝えてみましょう。もし、宿泊先や訪問先の方向に行くリムジンバ
スがあるならば、「～まで行きますか？」と確認してみるのもよいでしょう。

　到(dào)は「着く、到着する」という意味です。

例 到 北京站 吗？　　北京駅まで行きますか？
ダオ ベイジィンヂャン マ
Dào Běijīng zhàn ma?

- 到。　　　　　　　行きますよ。
ダオ
Dào.

- 不到。　　　　　　行きません。
ブゥ ダオ
Bú dào.

ダァガイ　ヤオ　ドゥオシャオ　チエン
大概 要 多少 钱？

Dàgài yào duōshao qián ?

だいたいいくらかかりますか？

表現 要 (yào) は「（時間やお金が）かかる」、多少 钱 (duōshao qián) は「いくら？」
(→p.72) を意味します。

ヤオ

ドゥオシャオ チエン

フレーズ **2** 後ろのトランクを開けてもらう

シーフ　チィン　カイ　イィシア　ホウベイシアン
师傅，请 开 一下 后备箱。

Shīfu, qǐng kāi yíxià hòubèixiāng.

すみません、トランクを
開けてください。

表現 师傅 (shīfu) は、大工や調理師など技能を有する方や運転手への呼び
かけなどに多く使われます。名詞としての運転手は司机 (sījī) です。

シーフ

スージィ

フレーズ **3** 停車してもらう

チィン　ティン　チョア
请 停 车。

Qǐng tíng chē.

止まってください。

プラスα 「～で止めてください」と言いたい場合は、请在～ 停车 (Qǐng zài
tíngchē) とできます。

チィン ザイ ティン チョア

例 请 在 这儿 停车。(Qǐng zài zhèr tíng chē.) ここで止めてください。

チィン ヅァイ チョアール ティンチョア

フレーズ **4** 目的地に着いたら声をかけてもらう

ダオルァ　ナンジィンルゥ　チィン　ジアオ　ウオ　イィシア
到了 南京路，请 叫 我 一下。

Dàole NánjīngLù, qǐng jiào wǒ yíxià.

南京路についたら、教え
てください。

表現 ここでの 叫 (jiào) は「呼ぶ、声をかける」という意味です。

ジアオ

ステップ **4** これで旅行もバッチリ！ 場面別定番フレーズ

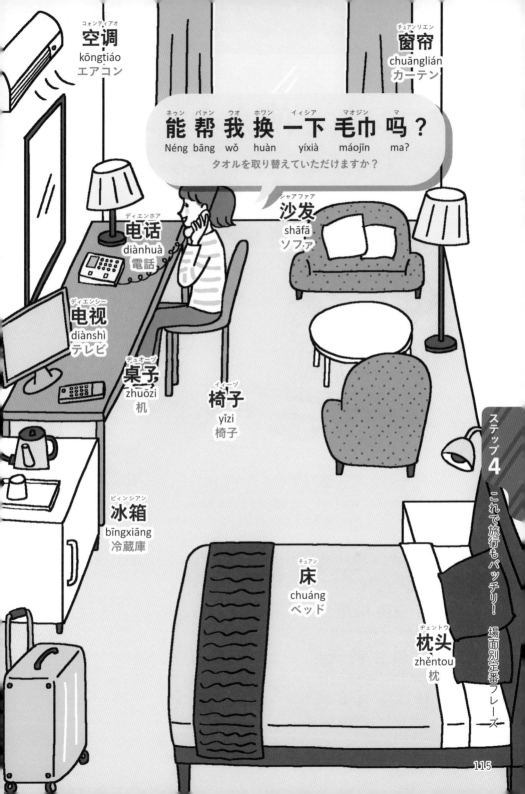

空调
コォンティアオ
kōngtiáo
エアコン

窗帘
チュアンリエン
chuānglián
カーテン

能 帮 我 换 一下 毛巾 吗？
ネゥン バァン ウォ ホワン イィシア マオジン マ
Néng bāng wǒ huàn yíxià máojīn ma?
タオルを取り替えていただけますか？

沙发
シャアファア
shāfā
ソファ

电话
ディエンホア
diànhuà
電話

电视
ディエンシー
diànshì
テレビ

桌子
デュオーツ
zhuōzi
机

椅子
イィーツ
yǐzi
椅子

冰箱
ビィンシアン
bīngxiāng
冷蔵庫

床
チュアン
chuáng
ベッド

枕头
ヂェントウ
zhěntou
枕

ステップ4
これで旅行もバッチリ！ 場面別定番フレーズ

115

フロントで使えるフレーズ

中国のホテルも星によるランク付けがあります。
いい部屋でしっかりくつろぎたいものです。

> チェックインする

ニン　ユィユエ　ルァ　マ
您 预约 了 吗？
Nín　yùyuē　le　ma?
ご予約されていますか？

ユィユエ　ルァ　ウオ ヅァイ ワンシャアン ディン ドァ
预约了，我在网上订的。
Yùyuē　le,　wǒ　zài wǎngshang dìng de.
はい、ネットで予約しました。

　事前に予約をしていない場合は、飛び込みでフロントに直接掛け合ってみましょう。そんなときは下のような表現が役立ちます。

ヨウ コォンファアン マ
例 **有 空房 吗？**　　　　　　空き部屋はありますか？
Yǒu kòngfáng ma ?

ウオ シアン ヂュウ リアン ティエン
我 想 住 两 天。　　　　　　2泊したいです。
Wǒ xiǎng zhù liǎng tiān.

ヂュウ イィワン ドゥオシャオ チエン
住 一晚 多少 钱？　　　　　1泊いくらですか？
Zhù　yìwǎn　duōshao qián ?

フレーズ **1** デポジットを確認する

ヤオ フゥ ヤァジン マ
要 付 押金 吗?
Yào fù yājīn ma ?

デポジットを払う必要が
ありますか?

文化 中国ではチェックイン時に宿泊代金の支払いを保証する 「デポ
ジット（預り金）」が取られます。チェックアウト時に返金されます
が、少しとまどいますね。事前予約で支払い済みか確認しましょう。

フレーズ **2** バスタブがあるか確認する

ファアンジエンリ ダイ ユィガァン マ
房间里 带 浴缸 吗 ?
Fángjiānli dài yùgāng ma ?

部屋にバスタブがついて
いますか?

語彙 動詞の带（dài）は「付帯する、ついている」という意味です。

文化 中国のホテルには浴室にバスタブのない部屋も多いです。

フレーズ **3** 先に部屋を見せてもらう

ネゥンブゥネゥン シエン カン ファアンジエン
能不能 先 看 房间?
Néngbunéng xiān kàn fángjiān ?

先に部屋を見ることはで
きますか?

表現 能不能（néngbunéng）は「〜することができますか」の丁寧な聞き方で
す。先（xiān）は「まず先に」という意味です。

フレーズ **4** チェックアウトする

ウオ ヤオ トゥイファアン
我 要 退房。
Wǒ yào tuìfáng.

私はチェックアウトします。

文化 中国ではルームキー返却後に、フロントから改めて各階の清掃担当
に連絡が行き、備品の破損等が確認されることがあります。チェッ
クアウトでフロントが混雑する時間帯はご注意ください。

ステップ **4** これで旅行もバッチリ！ 場面別定番フレーズ

第5課

快適な宿泊のためのフレーズ

観光はもちろん、旅行では
宿泊先で過ごす時間も重要ですよね。

ネゥン バァン ウォ ホワン イィシア マオジン マ
能 帮 我 换 一下 毛巾 吗？
Néng bāng wǒ huàn yíxià máojīn ma?
タオルを取り替えていただけますか？

ハオドァ チィン シャオ デゥン
好的。请 稍 等。
Hǎode. Qǐng shāo děng.
わかりました。少々お待ちください。

　ネゥン バァン ウォ マ
能 帮 我～吗は、直訳すると「私が～するのを手伝ってもらうことができ
ますか？」という意味です。

　客室担当の人が日中の時間帯にアメニティの補充や交換もすませてくれま
すが、追加でお願いしたいことがある場合は、上記を参考に直接連絡してみ
ましょう。このほか、中国のホテルには**礼宾部**(lǐbīnbù)という「コンシェル
ジュ」の役割を担う人もおり、滞在中の色々なわがままを聞いてくれるので、
そちらに相談することも可能です。

トイレが流れないことを伝える

マァトォン ドゥヂュウ ルァ
马桶 堵住 了。

Mǎtǒng dǔzhù le.

便器が詰まりました。

表現 動詞の堵(dǔ)は「詰まる、ふさがる」で、堵车(dǔ chē)だと「渋滞する」。
動詞の後ろの住(zhù)は「とどめる」というニュアンスを表します。

フレーズ2 **オートロックで入れなくなったことを訴える**

ファアンメン ヅードォン スゥオシャアン ルァ
房门 自动 锁上 了。

Fángmén zìdòng suǒshang le.

ドアがオートロックで閉
まりました。

表現 動詞の後ろにある上(shang)は「動作の結果、ぴったり付着する」と
いう意味で、ドアが開かないニュアンスを表しています。

フレーズ3 **隣の部屋がうるさいと苦情を入れる**

グァビィ タイ チャオ ルァ
隔壁 太 吵 了。

Gébì tài chǎo le.

隣がとてもうるさいです。

表現 太(tài)〜了(le)は「〜すぎる」という程度の強調、吵(chǎo)は「騒がしい」。

プラスα 具体的な部屋番号で伝えることもできます。

例 ジウアルアル ハオファアン タイ チャオ ルァ
922号房 太 吵 了。 922号室がうるさいです。
Jiǔ èr èr hàofáng tài chǎo le.

フレーズ4 **部屋で休みたいので清掃を断る**

ブゥヨン ダァサオ
不用 打扫。

Búyòng dǎsǎo.

清掃の必要はありません。

表現 担当者が清掃のためにノックしてきたら、有人!(Yǒu rén!)「います!」
と言い、フレーズ4を言えば清掃を断ることができるでしょう。

收银台
ショウインタイ
shōuyíntái
レジ

旗袍
チィパオ
qípáo
チャイナドレス

可以 用 信用卡 吗？
クァイィ ヨン シンヨンカァ マ
Kěyǐ yòng xìnyòngkǎ ma?
クレジットカードを使えますか？

价钱
ジアチエン
jiàqián
値段

折扇
ヂョアシャン
zhéshàn
扇子

便宜 一点儿 吧！
ビエンイィ イィディアール バ
Piányi yìdiǎnr ba!
少し安くしてください。

计算器
ジィスワンチィ
jìsuànqì
電卓

打折
ダァヂョア
dǎzhé
割引き

121

第**6**課

買い物で使えるフレーズ

中国語でしっかりコミュニケーションをとって、
ショッピングを楽しみましょう。

お店で買いたいものを伝える

ニン シアン マイ シェンマ
您 想 买 什么？
Nín xiǎng mǎi shénme?
何をお買い求めですか？

ウオ シアン マイ チャアイエ
我 想 买 茶叶。
Wǒ xiǎng mǎi cháyè.
私はお茶を買いたいです。

　お店の人からは、**您 想 买 什么？**(Nín xiǎng mǎi shénme?)の 想(xiǎng)を 要(yào)に替え、**您 要 买 什么？**(Nín yào mǎi shénme?)と聞かれることがあります。意味は同じです。

　我 想 买～(Wǒ xiǎng mǎi～)の～部分に具体的にほしいものを入れて言ってみましょう。手元に商品があれば、それを手に取って、あるいは商品を指差しながら「私はこれがほしい」と言うのも伝わりやすいです。

例 ウオ ヤオ デェイグァ
我 要 这个。 私はこれがほしいです。
Wǒ yào zhèige.

フレーズ **1** ウィンドウショッピングをする

我 只是 看看 而已。
Wǒ zhǐshì kànkan éryǐ.

ちょっと見ているだけです。

表現 只是 (zhǐshì)〜而已 (éryǐ) は「ただ〜にすぎない」のように組み合わせで使われる以外に、それぞれ単独でも「〜だけ、〜のみ」の意味を表します。看看 (kànkan)「ちょっと見る」は動詞の重ね型 (→p.76)。

フレーズ **2** 贈答用のものを探す

要 送 人 的。
Yào sòng rén de.

プレゼント用のものがほしいです。

表現 送 (sòng) は「贈り物をする」という意味です。

フレーズ **3** 衣類や靴などがオーダーメイドかたずねる

这 是 定做 的 吗？
Zhè shì dìngzuò de ma?

これはオーダーメイドですか？

プラスα 定做 (dìngzuò)「オーダーメイドする」は、订制 (dìngzhì)、订做 (dìngzuò) などとも言えます。

語彙 西服 (xīfú)「スーツ」／帽子 (màozi)「帽子」

フレーズ **4** 試着できるかたずねる

可以 试穿 吗？
Kěyǐ shìchuān ma?

試着できますか？

語彙 试衣间 (shìyījiān)「スーツ」／尺寸 (chǐcun)「帽子」／小号 (xiǎohào)「Sサイズ」／中号 (zhōnghào)「Mサイズ」／大号 (dàhào)「Lサイズ」

第7課

支払いで使えるフレーズ

支払いのついでにいろいろな
お願いもできるようにしておきたいものです。

| カードでの支払いについてたずねる

クァイイ ヨン シンヨンカァ マ
可以 用 信用卡 吗?
Kěyǐ yòng xìnyòngkǎ ma?
クレジットカードを使えますか?

クァイイ フェン ジィ ツー フゥチン
可以。分 几 次 付清?
Kěyǐ. Fēn jǐ cì fùqīng?
使えます。何回払いにしますか?

シンヨンカァ シンヨン カァ
信用卡(xìnyòngkǎ)は「**信用**(=信用、クレジット)+**卡**(=カード)」で名詞「ク
レジットカード」の意味になりますが、「カードで支払う」という動詞の**刷卡**
(shuā kǎ)もよく使われます。

クァイイ シュワ カァ マ
例 可以 刷卡 吗? カードで支払えますか?
Kěyǐ shuā kǎ ma?

シュワ
刷(shuā)には元々「(ハケやブラシで)はく、こする」という意味もあり、レジで
電子マネーをかざしたり、バス乗車時に乗車カードを機器にタッチする動作に対
しても使います。

フレーズ **1** 領収書が必要なとき

チィン ゲイ ウオ カイ ファアピアオ
请 给 我 开 发票。
Qǐng gěi wǒ kāi fāpiào.

領収書をください。

表現 動詞の开 (kāi) は書類や証書などを書くという意味です。发票 (fāpiào) は領収書のことで、收据 (shōujù) とも言います。

フレーズ **2** ラッピングをしてもらう

マァ ファン ニイ バァン ウオ バオ ヂュアン イイ シア
麻烦 你 帮 我 包装 一下。
Máfan nǐ bāng wǒ bāozhuāng yíxià.

お手数おかけしますが、
ラッピングしてください。

表現 帮 (bāng) は「助ける、手伝う」という意味です。

プラスα 帮 我 拿 行李。(Bāng wǒ ná xíngli.)「荷物を持ってください (＝私が荷物を持つのを手伝ってください)。」

フレーズ **3** 買い物袋が足りないとき

ヅァイ ゲイ ウオ イイ グァ ダイヅ バ
再 给 我 一 个 袋子 吧。
Zài gěi wǒ yí ge dàizi ba.

袋をもう1つください。

表現 再 (zài) は「さらに、また」という意味です。

語彙 杯子 (bēizi)「コップ」／机会 (jīhuì)「チャンス」
＊袋子 (dàizi) の部分に入れ替えて使ってみましょう。

フレーズ **4** 商品を取り替えてほしいとき

クァイイ ホワン ホゥオ マ
可以 换 货 吗?
Kěyǐ huàn huò ma ?

交換できますか？

語彙 退 货 (tuì huò)「返品する」

ステップ **4**

これで旅行もバッチリ！ 場面別定番フレーズ

125

第8課

値切るときに使えるフレーズ

中国語で店主と会話のやりとりを楽しめて、
値引きもできれば、一挙両得ですね。

値引き交渉をする

便宜 一点儿 吧！
ビェン イィ　　イィディアール　　バ
Piányi　　　yìdiǎnr　　　ba !
少し安くしてください。

那 你 说 多少 钱？
ナァ ニィ シュオ ドゥオシャオ チエン
Nà　nǐ　shuō　duōshao　qián ?
いくらならいいですか？

　スーパーやデパートのように値札などで価格が明記しているところを除き、個人商店などでは、**讨价还价** (tǎojiàhuánjià)「価格交渉、値切り」が可能なことが多いです。

　ものの値段をたずねる場合、**多少 钱？**(Duōshao qián?)のほかに、**怎么 卖？**(Zěnme mài?)も使います。これは直訳だと「どのように売りますか」という意味で、値段をたずねることと、セット売りや量り売りかなど、その「売り方」を聞くことも兼ねられます。

　なかなか日本では値切らない方も、**多少 钱？**(Duōshao qián?)と相手の出方を見ながらの心理戦を中国語で楽しんでみましょう。

フレーズ **1** 値段について話す

タイ グゥイ ルァ
太 贵 了！　　　　　　　　　高すぎます！
Tài guì le !

プラスα 「高すぎて、手が届きません」は、太 贵 了！(Tài guì le !) 买不起。
(Mǎibuqǐ.) と言います。

フレーズ **2** 値引きしてもらえるか聞く

ネゥン ダァヂョア マ
能 打折 吗？　　　　　　　　ディスカウントできま
Néng dǎzhé ma ?　　　　　　　すか？

表現 打折 (dǎzhé) は「ディスカウントする、割り引く」という意味です。

文化 打折 (dǎzhé) は「割引」だけではなく「〜掛け」を表し、打八折 (dǎ bā
zhé) と言うと八掛け（2割引）を指します。

フレーズ **3** 交渉が成立する

チョンジアオ ルァ
成交 了！　　　　　　　　　決まりました！
Chéngjiāo le !

表現 成交 (chéngjiāo) は「売買が成約する」という意味です。少し大げさで
すが、値切りの交渉が成立したときに言ってみるのもよいでしょう。

フレーズ **4** 納得のいく値段にならないとき

ナァ ジウ スワン ルァ バ
那 就 算 了 吧。　　　　　　　ではやめておきましょう。
Nà jiù suàn le ba.

文化 最初からその商品がほしいという顔をしていると、店主もなかなか
譲りません。それほど執着せずに、「高いなぁ。では失礼…」と立ち
去るそぶりも交渉には効果てきめんでしょう。

观光
観　光

万里の長城へ

チャアンチョン
长城
Chángchéng
万里の長城

颐和園
イィホアユエン
颐和园
Yíhéyuán
頤和園

グゥゴォン
故宫
Gùgōng
故宮

故宮

ティエンタン
天坛
Tiāntán
天壇公園

天安門広場

ティエンアンメングアンチャアン
天安门广场
Tiān'ānmén guǎngchǎng
天安門広場

天壇公園

リュィヨウ　シュィンウェンチュウ
旅游 询问处
lǚyóu　xúnwènchù
観光案内所

ウオ　シアン　ツァンジア　イィリーヨウ
我 想 参加 一日游。
Wǒ　xiǎng　cānjiā　Yírìyóu.
1日ツアーに参加したいです。

游客
（ヨウクア）
yóukè
観光客

导游
（ダオヨウ）
dǎoyóu
ガイド

能帮我按一下快门吗？
（ネゥン バン ウオ アン イィシア クワイメン マ）
Néng bāng wǒ àn yíxià kuàimén ma?
シャッターを押していただけませんか？

智能手机
（ヂーネゥンショウジィ）
zhìnéng shǒujī
スマートフォン

相机
（シアンジィ）
xiàngjī
カメラ

团体
（トゥワンティ）
tuántǐ
団体

怎么 去？
（ヅェンマ チュイ）
Zěnme qù?
どうやって行きますか？

地铁
（ディーティエ）
dìtiě
地下鉄

车站
（チョアヂャン）
chēzhàn
駅

ステップ4 これで旅行もバッチリ！ 場面別定番フレーズ

129

第**9**課

観光案内所で使えるフレーズ

人気の観光スポットをあれこれ品定めするのも
楽しい時間です。ステキな思い出をつくりましょう。

案内所でおすすめをたずねる

ニン　シアン　シュエン　ナァ　イィ　ヂォン　ルゥシエン
您 想 选 哪 一 种 路线？
Nǐ xiǎng xuǎn nǎ yì zhǒng lùxiàn？
どちらのコースを選ばれますか？

ウォ　シアン　ツァンジア　イィリーヨウ
我 想 参加 一日游。
Wǒ xiǎng cānjiā Yírìyóu.
1日ツアーに参加したいです。

　　観光案内所やホテルのフロントでも**一日游** (Yírìyóu)「1日ツアー」のほか、
半日游 (bànriyóu)「半日ツアー」などの申し込みができたり、パンフレットも
用意されています。興味や時間の都合に合わせて体験してはどうでしょう。
　　観光案内所で、おすすめの観光コースを教えてもらうときには、次のよう
な表現も使えるでしょう。

例 你 推荐 哪 一 种？　　どれがおすすめですか？
　　Nǐ tuījiàn nǎ yì zhǒng？

フレーズ 1 パンフレットがあるかたずねる

ヨウ ジエシャオ ジンディエン ドァ シアオツァヅ マ

有 介绍 景点 的 小册子 吗?

Yǒu jièshào jǐngdiǎn de xiǎocèzi ma?

観光スポットのパンフ
レットはありますか?

表現 介绍(jièshào)は、「紹介する」という意味です。この文を直訳すると「観
光スポットを紹介するパンフレットはありますか?」です。

フレーズ 2 面白い場所をたずねる

ヨウ シェンマ ハオワァール ドァ ディーファアン マ

有 什么 好玩儿 的 地方 吗?

Yǒu shénme hǎowánr de dìfang ma?

どこか面白いところはあ
りますか?

表現 この什么 (shénme)は、「何か」という不特定のものを指します。

語彙 值得去的地方 (zhíde qù de dìfang)「行く価値のある場所」

フレーズ 3 交通手段についてたずねる

ダオ ドォンウゥユエン ヅゥオ シェンマ チョア ヅゥイ クワイ

到 动物园 坐 什么 车 最 快?

Dào dòngwùyuán zuò shénme chē zuì kuài?

動物園まで何で行くのが
一番早いですか?

表現 到 (dào)は「〜まで」という目的地を示します。最 (zuì)は「一番、最も」
という意味です。

フレーズ 4 散策用に自転車を借りる

ウオ シアン ヅゥ イィ リアン ヅーシンチョア

我 想 租 一 辆 自行车。

Wǒ xiǎng zū yí liàng zìxíngchē.

私はレンタサイクルを借
りたいです。

表現 租 (zū)は「借りる、レンタルする」という意味です。

文化 特に観光地ではレンタサイクルが人気です。観光向けではありませ
んが、共享单车 (gòngxiǎng dānchē)「シェアサイクル」も充実しています。

第10課

観光地で使えるフレーズ

旅の思い出に写真もたくさん撮りたいですね。
中国語で気軽にお願いしてみましょう。

写真を撮ってもらう

能帮我按一下快门吗?
Néng bāng wǒ àn yíxià kuàimén ma?
シャッターを押していただけませんか?

好 啊。
Hǎo a.
いいですよ。

按 快门 (àn kuàimén) は「シャッターを押す」、という意味です。写真撮影を
お願いすると、下のように言われるでしょう。

例 一, 二, 三, 茄子!　　１、2、3、はい、チーズ！
　 Yī, èr, sān, qiézi!

茄子 (qiézi) は本来「ナス」という意味ですが、ここでは写真撮影時の掛け声
「チーズ」の意味で、ちょうど発音すると口が横に引かれ、笑顔の写真を撮る
ことができます。

デョアール クァイイ デャオシアン マ
这儿 可以 照相 吗？
Zhèr　kěyǐ　zhàoxiàng　ma?

ここで写真を撮ってもいいですか？

▶ **表現** 照相 (zhàoxiàng) は「写真を撮る」という意味です。
▶ **語彙** 禁止拍照 (jìnzhǐ pāizhào) は「撮影禁止」です。

ナァール フォンジン ヘン メイ
那儿 风景 很 美 。
Nàr　fēngjǐng　hěn　měi.

あそこは景色がきれいです。

▶ **プラスα** 美 (měi) は「きれい、美しい」という意味です。このほか、美极了 (měijíle)「すごく美しい」、多么 美 啊 (duōme měi a)「なんと美しいのだろう」のように強調するのもよいでしょう。

デョア フジン ヨウ ツァスゥオ マ
这 附近 有 厕所 吗？
Zhè　fùjìn　yǒu　cèsuǒ　ma?

この近くにトイレはありますか？

▶ **語彙** 公厕 (gōngcè)「公衆トイレ」／男厕 (náncè)「男子トイレ」／女厕 (nǚcè)「女子トイレ」

ザンメン シエ イィホァール バ
咱们 歇 一会儿 吧 。
Zánmen　xiē　yíhuìr　ba.

ちょっと休みましょう。

▶ **表現** 咱们 (zánmen) は特に「（話し手と聞き手を含む）私たち」という意味です。歇 (xiē) は「休む、休憩する」で、休息 (xiūxi)「休む、休憩する」にも置き換えられます。一会儿 (yíhuìr) は、「しばらくの時間」です。

ステップ **4** これで旅行もバッチリ！ 場面別定番フレーズ

第11課

交通機関を使うときのフレーズ

ホテルからちょっと足をのばす「冒険」に欠かせない、
交通機関を利用するときの表現をみてみましょう。

行き方をたずねる

ヅゥオ ディーティエ チュイ
坐 地铁 去。
Zuò dìtiě qù.
地下鉄で行きます。

ヅェンマ チュイ
怎么 去？
Zěnme qù？
どうやって行きますか？

怎么 (zěnme) は「どのように、どうやって」という意味で、方法や手段をたずねる場合によく使います。また、目的地が現在地から遠いのかたずねる場合は以下のように聞いてみましょう。**离** (lí)〜 は距離のへだたりを表し、「〜から（遠い、近い）」という意味を表します。

リィ ヂョアール ユエン マ
例 **离 这儿 远 吗?** ここから遠いですか？
Lí zhèr yuǎn ma?

ヘン ジン
- 很 近。 近いです。
Hěn jìn.

ブゥ ユエン
- 不 远。 遠くないです。
Bù yuǎn.

フレーズ **1** 乗るバスをたずねる

ヅゥオ ジィ ルゥ チョァ
坐 几 路 车？
Zuò jǐ lù chē？

何番バスに乗りますか？

文化 行き先に応じてバスの番号が決まっています。自分が何番のバスに 乗るのかしっかり確認しましょう。１～３ケタの数字で表されるこ とが多いです。

フレーズ **2** 乗り換えがあるかたずねる

ヤオ ホワン チョァ マ
要 换 车 吗？
Yào huàn chē ma？

乗り換えなければなりま せんか？

表現 要(yào)は「～しなければならない、する必要がある」という意味です。

語彙 上车(shàng chē)「乗車する」／下车(xià chē)「降車する」

フレーズ **3** 目的地まで何駅かたずねる

ハイ ヨウ ジィ ヂャン
还 有 几 站？
Hái yǒu jǐ zhàn？

あと何駅ですか？

プラスα 还有两站。(hái yǒu liǎng zhàn.)「あと２駅です」などと答えられます。

語彙 下一站(xiàyízhàn)「次の駅」／终点站(zhōngdiǎnzhàn)「終点」

フレーズ **4** 乗り間違えを訴える

ヅゥオツゥオ ルァ
坐错 了。
Zuòcuò le.

乗り間違えました。

表現 错(cuò)は「～し間違える」という意味です。

中国文化

中国文化に触れる

售票处
ショウピアオチュウ
shòupiàochù
チケット売り場

剧场
ジュイチァン
jùchǎng
劇場

门票
メンピアオ
ménpiào
入場券

几 点 开演？
ジィ ディエン カイイエン
Jǐ diǎn kāiyǎn?
何時に開演しますか？

脸谱
リエンプゥ
liǎnpǔ
くまどり

旦角
ダンジュエ
dànjué
女役

生角
ションジュエ
shēngjué
男役

戏装
シィヂュアン
xìzhuāng
衣装

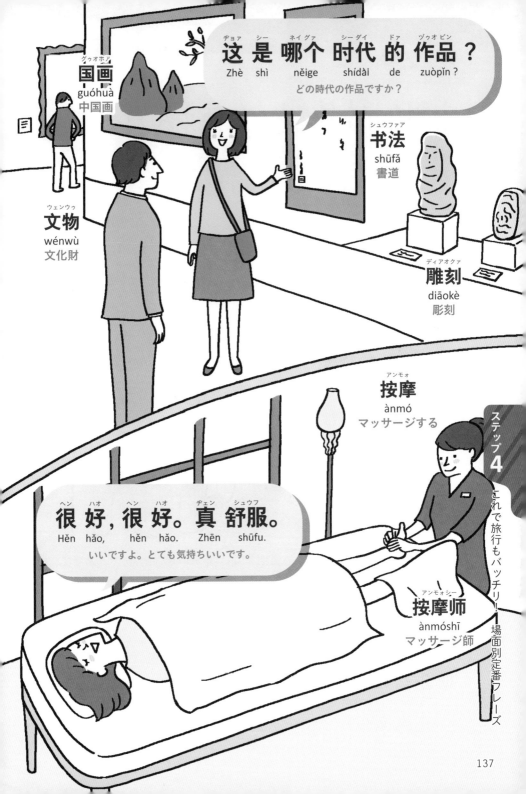

第12課

京劇などを見るときに使えるフレーズ

京劇はメイクや衣裳を見るだけでも
中国的な世界が堪能できます。

開演時間をたずねる

几 点 开演？
Jǐ diǎn kāiyǎn?
何時に開演しますか？

七点 开演。
Qī diǎn kāiyǎn.
7時に開演します。

　伝統的な**京剧**（jīngjù）「京劇」から**话剧**（huàjù）「新劇、現代劇」まで、劇場ではまた異なる文化的な雰囲気を味わうことができます。フラッと立ち寄ってみるのも面白いですよ。

　「何時に〜しますか？」は**几 点**（jǐ diǎn）〜？と言います（→p.52、p.75）。日常生活においてもさまざまな場面で使えますね。

例 几 点 睡觉？　　何時に寝ますか？
Jǐ diǎn shuìjiào?

几 点 集合？　　何時に集合しますか？
Jǐ diǎn jíhé?

138

フレーズ **1** チケットを買う

我 买 两 张 票。
ウォ　マイ　リアン　チァン　ピアオ
Wǒ　mǎi　liǎng　zhāng　piào.

私はチケットを2枚買います。

表現 张(zhāng)は「〜枚」という意味です。
チァン

フレーズ **2** 指定席かどうか確認する

对号入座 吗？
ドゥイハオ　ロゥヅゥオ　マ
Duìhào rùzuò　ma？

指定席ですか？

文化 中国では、基本的に劇場や映画館などはすべて指定席です。

表現 对号入座(duìhào rùzuò)は直訳すると「番号を合わせて、着席する」という意味です。
ドゥイハオロゥヅゥオ

フレーズ **3** 座席番号の言い方

五 排 九 号。
ウゥ　パイ　ジウ　ハオ
Wǔ　pái　jiǔ　hào.

5列目の9番です。

表現 排(pái)は「〜列目」を表します。
パイ

文化 劇場や映画館の座席番号は、中央を境に偶数と奇数が右と左にまとまって分かれています。中央が1だとその横に3、5…と続き、中央から反対側には2、4…と続きます。

フレーズ **4** 演技をほめるとき

表演得 真 精彩。
ビアオイエンドァ　チェン　ジンツァイ
Biǎoyǎnde　zhēn　jīngcǎi.

演技が本当にすばらしいです。

語彙 演员(yǎnyuán)「役者」／角色(juésè)「配役、役柄」
イエンユエン　　　　ジュエスァ

第13課

美術館などで使えるフレーズ

日本では絶対に見られない作品や国宝を目にする
チャンスがあるかもしれません。

展示品を見学する

这 是 哪个 时代 的 作品？
Zhè shì něige shídài de zuòpǐn？
どの時代の作品ですか？

清代 的。
Qīng dài de.
清代のものです。

中国は文化施設も充実しており、各地に**博物馆**(bówùguǎn)「博物館」、**美术馆**(měishùguǎn)「美術館」、**纪念馆**(jìniànguǎn)「記念館」などがあります。

下のようなフレーズも使ってみてください。

例 上面 写 的 那个 字 是 什么？
Shàngmian xiě de nèige zì shì shénme？

書いてあるのは何という字ですか？

-十三 陵 的 "陵"。　　　十三陵の「陵」です。
Shísān líng de "líng".

140

フレーズ 1 受付で荷物についてたずねる

<ruby>要<rt>ヤオ</rt></ruby> <ruby>存包<rt>ツンバオ</rt></ruby> <ruby>吗<rt>マ</rt></ruby>?
Yào cúnbāo ma?

カバンを預けなければなりませんか？

文化 存包 (cúnbāo) は「カバンを保管する、預ける」という意味で、公共施設や商業施設の入り口で手荷物を預けるよう指示されることがあります。危険物持ち込みや盗難などを未然に防ぐ目的です。

フレーズ 2 音声ガイドについてたずねる

<ruby>有<rt>ヨウ</rt></ruby> <ruby>日文<rt>リーウェン</rt></ruby> <ruby>的<rt>ドァ</rt></ruby> <ruby>语音<rt>ユィイン</rt></ruby> <ruby>导览<rt>ダオラン</rt></ruby> <ruby>吗<rt>マ</rt></ruby>?
Yǒu Rìwén de yǔyīn dǎolǎn ma?

日本語の音声ガイドはありますか？

表現 语音 (yǔyīn) は「音声」、导览 (dǎolǎn) は「ガイド」という意味です。

フレーズ 3 作者についてたずねる

<ruby>这<rt>ヂョア</rt></ruby> <ruby>是<rt>シー</rt></ruby> <ruby>谁<rt>シェイ</rt></ruby> <ruby>画<rt>ホァ</rt></ruby> <ruby>的<rt>ドァ</rt></ruby>?
Zhè shì shéi huà de?

これは誰が描いたものですか？

プラスα 作品ごとに次のような動詞を入れ替えて使えます。
写 的 (xiě de)「書道や文献など"書いた"もの」／做 的 (zuò de)「ブロンズ像・陶磁器・音楽など"作った"もの」／刻 的 (kè de)「彫刻など"彫った"もの」

フレーズ 4 興味のあるものを伝える

<ruby>我<rt>ウオ</rt></ruby> <ruby>对<rt>ドゥイ</rt></ruby> <ruby>书法<rt>シュウファア</rt></ruby> <ruby>有<rt>ヨウ</rt></ruby> <ruby>兴趣<rt>シィンチュイ</rt></ruby>。
Wǒ duì shūfǎ yǒu xìngqù.

私は書道に興味があります。

表現 我 对～有 兴趣 (Wǒ duì～ yǒu xìngqù) は「私は～に興味があります」で、～の部分に好きなものを入れれば、自己紹介などにも使えます。

141

DL
4_19

マッサージで使えるフレーズ

本場の中国式マッサージは、
旅の疲れも癒してくれます。

力加減を聞かれたとき

力度 行 吗?
リィドゥ シィン マ
Lìdù xíng ma?
強さはいいですか？

很 好, 很 好。真 舒服。
ヘン ハオ ヘン ハオ ヂェン シュウフ
Hěn hǎo, hěn hǎo. Zhēn shūfu.
いいですよ。とても気持ちいいです。

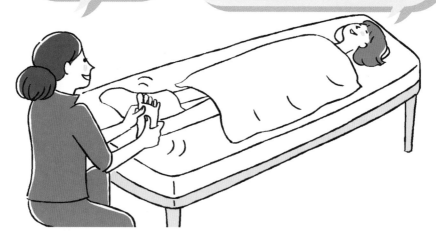

行 吗?(xíng ma?)は前の部分を受けて、「それで差し支えないか、大丈夫なのか」をたずねるときに使います。

例 **我 看看, 行 吗?**
ウオ カンカン シィン マ
Wǒ kànkan, xíng ma?
ちょっと見てもいいですか？

−**行。**
シィン
Xíng.
大丈夫です。

−**不行。**
ブゥシン
Bùxíng.
ダメです。

フレーズ 1 強く押してもらうように頼む

再 重 一点。
Zài zhòng yìdiǎn.

もう少し強くしてください。

プラスα「もう少し弱くしてください」は、再 轻 一点 (Zài qīng yìdiǎn)です。

フレーズ 2 痛みを感じたとき

有点儿 疼。
Yǒudiǎnr téng.

少し痛いです。

表現 有点儿 (yǒudiǎnr)は自分の望まないことがある「少し〜である」というニュアンスを表します (→p.76)。

語彙 痒 (yǎng)「くすぐったい」／不舒服 (bù shūfu)「凝っている (気持ちよくない)」

フレーズ 3 マッサージの技術をほめる

手艺 不错!
Shǒuyì búcuò!

腕がいいですね!

表現 手艺 (shǒuyì)は「(職人の)技術や技巧」という意味です。

フレーズ 4 時間延長を断る

不用 加钟。
Búyòng jiāzhōng.

延長する必要はありません。

表現 加 (jiā)は「加える、プラスする」、钟 (zhōng)は「時間」という意味で、直訳は「時間をプラスする」となります。

吃饭
食　事

服务员
フゥウゥユエン
fúwùyuán
店員

菜单
ツァイダン
càidān
メニュー

杯子
ベイズ
bēizi
グラス

羹匙
ゲゥンチー
gēngchí
レンゲ

筷子
クワイヅ
kuàizi
箸

圆桌
ユエンデュオー
yuánzhuō
円卓

你们 这儿 的 招牌菜 是 什么？
ニィメン ヂョァール ドァ ヂァオパイツァイ シー シェンマ
Nǐmen zhèr de zhāopáicài shì shénme?
こちらのおすすめは何ですか？

今天 我 请客。
ジンティエン ウォ チィンクァ
Jīntiān wǒ qǐngkè.
今日は私がごちそうします。

收据
ショウジュイ
shōujù
領収書

找头
ヂャオトウ
zhǎotou
おつり

144

可以 试吃 吗？
Kěyǐ shìchī ma?
試食できますか？

夜市
yèshì
夜市

香肠
xiāngcháng
腸詰め

爆肚
bàodǔ
ホルモン煮込み

面条
miàntiáo
麺

烤串儿
kǎochuànr
串焼き

145

第15課

注文のときに使えるフレーズ

料理を注文するときのフレーズを覚え、
本場の中華料理を楽しみましょう。

おすすめのメニューを聞く

シエンヅァイ ディエン ツァイ マ
现在 点 菜 吗?
Xiànzài diǎn cài ma?
今、注文されますか?

ニィメン ヂョアール ドァ ヂャオパイツァイ シー シェンマ
你们 这儿 的 招牌菜 是 什么?
Nǐmen zhèr de zhāopáicài shì shénme?
こちらのおすすめは何ですか?

ディエンツァイ
点 菜(diǎn cài)は「料理を注文する」という意味で、動詞の **点**(diǎn)には「数
ディエン
ある中から指定する、選ぶ」という意味があります。

リアンツァイ
豊富なメニューを見て、何を注文すればよいか迷うかもしれません。**凉菜**
ダァツァイ タァン ヂュウシー
(liángcài)「前菜」、**大菜**(dàcài)「主菜」、**汤**(tāng)「スープ」、**主食**(zhǔshí)「主食」など
を好みで頼んでみましょう。

メニューをもらう

有 菜单 吗？
ヨウ　ツァイダン　マ

Yǒu　càidān　ma?

メニューはありますか？

語彙 醋 (cù)「お酢」／小碟子 (xiǎodiézi)「小皿」／牙签 (yáqiān)「爪楊枝」
ツゥ　　　　　シアオディエヅ　　　　　　　　　ヤァチエン

味の好みを伝える

我 爱 吃 辣的。
ウオ　アイ　チー　ラァドァ

Wǒ　ài　chī　là de.

辛いものが好きです。

表現 爱 (ài) は「～するのが好きである」という意味です。
　　　　アイ

語彙 咸的 (xián de)「塩辛いもの」／甜的 (tián de)「甘いもの」
シエンドァ　　　　　　　　　　　ティエンドァ

近くの席の料理と同じものを頼む

要 和 那个 一样 的 菜。
ヤオ　ホァ　ネイグァ　イィヤン　ドァ　ツァイ

Yào　hé　nèige　yíyàng　de　cài.

あれと同じ料理をください。

文化 見知らぬ人の料理を見て、「あれと同じものをください」と注文する
ことは中国では普通です。おいしそうであれば、ぜひこのように注
文してみてください。

来ていない料理を催促する

快 点儿 上 菜，好 吗？
クワイ　ディアール　シァン　ツァイ　ハオ　マ

Kuài　diǎnr　shàng　cài,　hǎo　ma?

料理を早く持ってきてく
ださい。

文化 中華料理ではごはんや麺類などの主食は最後に出されます。

プラスα 「注文した料理がまだ来ていません」は、我 点 的 菜 还 没 上来。(Wǒ
ウオ　ディエン　ドァ　ツァイ　ハイ　メイ　シァンライ
diǎn de cài hái méi shànglai.) です。

ステップ **4** これで旅行もバッチリ！ 場面別定番フレーズ

147

会計のときに使えるフレーズ

中国では食事の支払いを1人でまとめて行い、
ごちそうすることが多いです。

食事代を出す人を決める

今天 我 请客。
ジン ティエン ウオ チィンクァ
Jīntiān wǒ qǐngkè.
今日は私がごちそうします。

不, 不。 我 付 钱。
ブゥ ブゥ ウオ フゥ チエン
Bù, bù. Wǒ fù qián.
いいえ、私が払いますよ。

请客(qǐngkè)は、「ごちそうする、おごる」という意味で、做东(zuòdōng)とも
言います。もし相手にごちそうしてもらうことが決まれば、下のように言っ
て、ご厚意に甘えましょう (→p.42)。

例 那 我 就 不客气 了。　　　　ではお言葉に甘えて。
ナァ ウオ ジゥ ブゥクァーチ ルァ
Nà wǒ jiù búkèqi le.

付(fù) は「支払う」という意味です。

服务员，买单！

フゥウゥユエン　マイダン

Fúwùyuán,　mǎidān!

すみません、お会計を！

文化 服务员 (fúwùyuán) は、店員さんへの呼びかけです。中国では、食事の会計はだいたい「①事前に会計をすませる、②食後にその場で会計する、③食後にレジに行って支払う」の3パターンがあります。

フレーズ **2** 支払いを申し出る

让 我 来 付 钱！

ロァアン　ウオ　ライ　フゥ　チエン

Ràng wǒ　lái　fù　qián！

私に払わせてください。

表現 让 我～(ràng wǒ) は「私に～させてください」という意味です。

フレーズ **3** 割り勘にする

咱们AA制 吧。

ザンメン　エイエイ　ヂー　バ

Zánmen　AA　zhì　ba.

割り勘にしましょう。

語彙 各付各的 (gè fù gède)「おのおのが自分の分を払う」／分摊 (fēntān)「均等に分担する」

フレーズ **4** おつりが戻ってこないと訴える

还 没 找 钱 呢。

ハイ　メイ　ヂャオ　チエン　ヌァ

Hái　méi　zhǎo　qián　ne.

まだおつりをもらっていません。

表現 还 没～呢 (hái méi ～ ne) は「まだ～していない」、找 钱 (zhǎo qián) は「おつりを出す」という意味です。

屋台で使えるフレーズ

レストランで本場の中華料理もよいですが、
屋台にもおいしい庶民の味がたくさんあります。

DL
4_23

夜市で試食する

可以 試吃 吗？
Kěyǐ　shìchī　ma？
試食できますか？

可以。要 哪个？
Kěyǐ.　Yào　něige？
いいですよ。どれを味見しますか？

　　せっかく中国に来たなら、夜市の雰囲気を味わいたいものです。グルメは
もちろん、ファッションやおみやげ店も多く、とてもにぎわう観光スポット
です。**試吃**(shìchī) は「試食する」という意味です。そのほか、下のようにい
ろいろとたずねてみましょう。

例 这个 水果 怎么 吃？　この果物はどうやって食べるのですか？
Zhèige shuǐguǒ zěnme chī?

这个 菜 怎么 做？　　　この料理はどのように作るのですか？
Zhèige cài zěnme zuò?

フレーズ 1 | 味についてたずねる

什么 味道？
シェンマ ウェイダオ
Shénme wèidao？

どんな味ですか？

表現 具体的な味の種類を聞いたり、お菓子などの場合は「何味ですか？」
と訳すことがふさわしいこともあります。

フレーズ 2 | おいしそうと伝える

看起来 很 好吃。
カンチライ ヘン ハオチー
Kànqilai hěn hǎochī.

おいしそうです。

表現 看起来 (kànqilai)は「見たところ〜だ」という意味です。
カンチライ
プラスα 看起来 很 年轻！(Kànqilai hěn niánqīng!)「(見た目が)お若いですね！」
カンチライ ヘン ニエンチン

フレーズ 3 | 希望を伝える

香菜 多 放 一点儿 吧。
シアンツァイ ドゥオ ファアン イィディアール バ
Xiāngcài duō fàng yìdiǎnr ba.

パクチーを多めに入れて
ください。

表現 多 (duō)は 動詞の前におくと「多めに〜する」という意味を表します。
ドゥオ
放 (fàng)は「入れる」という意味です。
ファアン

フレーズ 4 | 味について表現する

味道 不错！
ウェイダオ ブゥツゥオ
Wèidao búcuò!

おいしいです！

表現 好吃 (hǎochī)は「(食べ物限定で)おいしい」ことを表しますが、味道
ハオチー ウェイダオ
不错 (Wèidao búcuò)は飲食物全般の「味がよい」ことを表せます。
ブゥツゥオ
語彙 好喝 (hǎohē)「(飲み物)おいしい」／好香 (hǎoxiāng)「とてもおいしい」
ハオホァ ハオシアン
「とても香りがよい」

ステップ **4** これで旅行もバッチリ！ 場面別定番フレーズ

道に迷ったときのフレーズ

事前に調べていても、いざ現地へ行くとわかりづらい
ものです。現地の人にたずねましょう。

今どこにいるのかたずねる

チィンウェン ヂョリ シー シェンマ ディーファアン
请问，这里 是 什么 地方？
Qǐngwèn, zhèli shì shénme dìfang?
すみません、ここはどこですか？

デゥンシーコウ
灯市口。
Dēngshìkǒu.
灯市口です。

　だいぶ離れた場所に来てしまったのがわかっていれば、改めてそこからタクシーに乗るということもできます。しかし、（目的の場所は確かこの辺りだがわからない…）ということであれば道行く人に、直接たずねてみましょう。

ツァイ ナァール
例 **〜在 哪儿？**　　　　　　　〜はどこですか？
　　zài nǎr?

イィヂー ヅォウ
－**一直 走。**　　　　　　　　まっすぐ行ってください。
　Yìzhí zǒu.

ワン ヨウ ヅゥオ グワイ
－**往 右（左）拐。**　　　右（左）折してください。
　Wǎng yòu (zuǒ) guǎi.

フレーズ **1** 道を間違えたと伝える

ツゥオツゥオ　ルゥ　ルァ
走错 路 了。

Zǒucuò　lù　le.

道を間違えました。

表現 〜错 (cuò)は動詞の後におき、「〜し間違える」という意味で使います。
ツゥオツゥオ
走错 (zǒucuò)の直訳は「歩き間違える」です。

フレーズ **2** 迷子になったことを伝える

ウオ　ミィルゥ　ルァ
我 迷路 了。

Wǒ　mílù　le.

道に迷ってしまいました。

プラスα 「来た道を戻る」は、原路返回 (Yuánlùfǎnhuí)と言います。

フレーズ **3** 目的地までの道をたずねる

ダオ　シュオハン　ビングワン　ツェンマ　ツゥオウ
到 硕瀚 宾馆 怎么 走?

Dào　Shuòhàn　bīnguǎn　zěnme　zǒu ?

硕瀚ホテルまでどう行く
のですか？

表現 到〜怎么 走 (dào 〜 zěnme zǒu)は「〜までどのように行くのですか」と
行き方をたずねるフレーズです。

フレーズ **4** 歩いて行けるかたずねる

ツゥオウドァダオ　マ
走得到 吗?

Zǒudedào　ma ?

歩いて行けますか？

表現 かなり離れた場所に来てしまい、バスなどに乗らなくても「歩いて
たどりつけるか」をたずねるニュアンスです。

盗難・紛失に関するフレーズ

見知らぬ土地でのトラブルはとても不安だと思いますが、
まさかのために覚えておきましょう。

財布をなくす

ツァイ　ナァール　ディウ　ドァ
在 哪儿 丢 的？
Zài　nǎr　diū　de ?
どこでなくしたのですか？

ウオ　ドァ　チエンバオ　ディウ　ルァ
我 的 钱包 丢 了。
Wǒ　de　qiánbāo　diū　le.
財布をなくしてしまいました

　部屋に忘れたのか、紛失したのか、もしかして盗まれたのか……慌てずに
判断していきましょう。丢(diū)は「なくす」という意味です。

　なくした状況について追加で聞かれることもあるので、下のような表現
も覚えておきましょう。

例

シェンマ　シーホウ　ディウ　ドァ
什么 时候 丢 的？　　いつなくしたのですか？
Shénme shíhou　diū　de ?

リィビィアール　ヨウ　シェンマ
里边儿 有 什么？　　中には何が入っていますか？
Lǐbianr　yǒu shénme ?

フレーズ **1**　盗難に遭ったことを訴える

ウオ　ドァ　バオ　ベイ　トウ　ルァ
我 的 包 被 偷 了。
Wǒ　de　bāo　bèi　tōu　le.

カバンが盗られました。

表現 被(bèi)は「〜られる、される」という意味です。

フレーズ **2**　忘れ物をした場所を伝える

ワンヅァイ　チョァリ　ルァ
忘在 车里 了。
Wàngzài　chēli　le

車の中に忘れました。

語彙 家里(jiāli)「家の中」／店里(diànli)「店の中」／厕所里(cèsuǒli)「トイレの中」

フレーズ **3**　警察を呼ぶ

クワイ　ジアオ　ジィンチァア
快 叫 警察！
Kuài　jiào　jǐngchá！

早く警察に通報して！

プラスα 小偷儿！(Xiǎotōur!)「泥棒だ！」、住手！(Zhùshǒu!)「触るな！（手を止めろ！という意味)」などの表現も覚えておきましょう。

フレーズ **4**　とっさのひとこと

ヂャンヂュウ
站住！
Zhànzhù！

待ちなさい！

表現 站(zhàn)は「立つ」で、〜住(zhù)は「固定する、その場にとどめる」という意味なので、このフレーズを直訳すると「立ち止まりなさい！」となります。

第20課

病院・薬局で使えるフレーズ

現地で体調をくずしたとき、医師や薬剤師に
直接相談できれば安心ですね。

体調を伝える

你 哪儿 不 舒服？
Nǐ　nǎr　bù　shūfu?
どこが具合悪いのですか？

头 有点儿 疼。
Tóu　yǒudiǎnr　téng.
頭が少し痛いのです。

　体調がすぐれず、現地の病院へ念のため行ってみるという選択もあるかも
しれません。医師に症状をうまく伝え、適当な処置をしてもらいましょう。

例 感冒 了。
Gǎnmào le.
風邪をひきました。

不 发烧。
Bù　fāshāo.
熱はありません。

没有 食欲。
Méiyǒu　shíyù.
食欲がありません。

恶心。
Ěxīn.
吐き気がします。

肚子 疼。
Dùzi　téng.
おなかが痛いです。

闹 肚子。
Nào　dùzi.
下痢をしています。

フレーズ 1 診察を申し込む

我 要 挂 号。
ウオ ヤオ グワ ハオ
Wǒ yào guà hào.

診察を申し込みたいので
すが。

プラスα 请 给 我 开 药方。(Qǐng gěi wǒ kāi yàofāng.)「処方箋を書いてください。」
チィン ゲイ ウオ カイ ヤオファン

フレーズ 2 どの薬が効くかたずねる

吃 什么 药 最 见效?
チー シェンマ ヤオ ヅゥイ ジエンシアオ
Chī shénme yào zuì jiànxiào?

どの薬が一番効きますか?

表現 吃 药 (chī yào) は「薬をのむ」という意味です。
チー ヤオ

語彙 中药 (zhōngyào)「漢方薬」／西药 (xīyào)「西洋医学の薬」
ヂョンヤオ シィヤオ

フレーズ 3 薬の飲み方をたずねる

这个 药 怎么 吃?
ヂェイグァ ヤオ ヅェンマ チー
Zhèige yào zěnme chī?

この薬はどのように飲む
のですか?

プラスα 一天吃一次 (yìtiān chī yícì) 「1日1回」、一次两粒 (yícì liǎnglì) 「1回
イィティエンチーイィツー イィツーリアンリィ
2錠」、饭后服用 (fànhòu fúyòng) 「食後に服用する」も覚えましょう。
ファン ホウ フゥ ヨン

フレーズ 4 カプセルの薬があるかたずねる

有 胶囊 的 吗?
ヨウ ジアオナァン ドァ マ
Yǒu jiāonáng de ma?

カプセルのものはありま
すか?

語彙 口服药 (kǒufúyào)「内服薬」／药膏 (yàogāo)「塗り薬」／膏药 (gāoyào)「貼
コウフゥヤオ ヤオガオ ガオヤオ
り薬」／眼药水 (yǎnyàoshuǐ)「目薬」
イエンヤオシュイ

邮局
ヨウジュイ
yóujú
郵便局

国际邮件
グゥオジィヨウジエン
guójì yóujiàn
国際郵便

包裹
バオグゥオ
bāoguǒ
小包

信纸
シンヂー
xìnzhǐ
便せん

信封
シンフォン
xìnfēng
封筒

邮票
ヨウピアオ
yóupiào
切手

明信片
ミィンシンピエン
míngxìnpiàn
ハガキ

邮局职员
ヨウジュイヂーユエン
yóujú zhíyuán
局員

信
シン
xìn
手紙

寄到 日本。
ジィダオ リーベン
Jìdào Rìběn.
日本まで送ります。

信筒
シントォン
xìntǒng
ポスト

第21課

電話で使えるフレーズ

現地で電話をかける機会がけっこうあるかもしれません。
基本を覚えておきましょう。

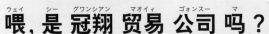

電話をかける

ウェイ シー グワンシアン マオイィ ゴォンスー マ
喂, 是 冠翔 贸易 公司 吗?
Wéi, shì Guànxiáng màoyì gōngsī ma?
もしもし、冠翔貿易ですか?

シードァ ニン ヂャオ シェイ
是的。您 找 谁?
Shìde. Nín zhǎo shéi?
そうです。 誰にご用でしょうか?

ウオ ヂャオ ヂャアン シエンション
我 找 张 先生。
Wǒ zhǎo Zhāng xiānsheng.
張さんをお願いします。

　ウェイ
喂(wéi)は「もしもし」という電話での呼びかけを表します。
　　　　　 ヂャオ　　　　　　　　　　　　　　　　　　　　　　　　　　　　　　 ヂャオ
動詞の**找**(zhǎo)は「探す、訪問して話す」という意味があり、電話の際に**找**

(zhǎo)○○と言うと「○○さんを電話口までお願いしたい」というニュアンス
を伝えられます。

　　また、電話の際は自分から先に名乗ることも多く、**喂**(wéi)のあとに続けて、
ウオシー
我是○○(Wǒ shì ○○)と自分から言ってしまってもよいでしょう。

フレーズ 1 相手を確認する

ニン シー ナァ イィ ウェイ
您 是 哪 一 位？
Nín shì nǎ yí wèi?

どちら様でしょうか？

表現 哪 一 位 (nǎ yí wèi) は「どなた、どちらさま」という意味です。「あなたの敬称」である 您 (nín) も使っており、你是谁？(Nǐ shì shéi?)「あなたは誰ですか？」よりもかなり丁寧なたずね方です。

フレーズ 2 伝言を頼む

クァイィ ヂュワンガオ マ
可以 转告 吗？
Kěyǐ zhuǎngào ma?

おことづけできますか？

表現 转告 (zhuǎngào) は「伝言する」という意味です。

語彙 转达 (zhuǎndá)「伝達する、伝言する」／传话 (chuánhuà)「話を取り次いで伝える」

フレーズ 3 不在の場合の戻り時間をたずねる

タァ ダガイ ジィ ディエン ホゥイライ
他 大概 几 点 回来？
Tā dàgài jǐ diǎn huílai?

彼はだいたい何時くらいに戻られますか？

表現 大概 (dàgài) は「だいたい、およそ」の意味です。

プラスα 我 过 一会儿 再 打。(Wǒ guò yíhuìr zài dǎ.)「しばらくしてから、またかけ直します。」

フレーズ 4 間違い電話で謝る

ドゥイブチィ ウオ ダァツゥオ ルァ
对不起, 我 打错 了。
Duìbuqǐ, wǒ dǎcuò le.

ごめんなさい、かけ間違えました。

表現 相手がかけ間違えているときは你 打错 了 吧？(Nǐ dǎcuò le ba?)「かけ間違えていますよ」と伝えましょう。

ステップ **4** これで旅行もバッチリ！ 場面別定番フレーズ

第22課

郵便局で使えるフレーズ

日本にいる家族や友人に中国旅行の記念に
絵はがきを送るのもいいですね。

| 手紙を出す

寄到 哪儿？
ジィダオ　ナァール
Jìdào　nǎr ?
どちらまで送りますか？

寄到 日本。
ジィダオ　リーベン
Jìdào　Rìběn.
日本まで送ります。

寄 (jì) は「郵送する」という意味です。
ジィ
　中国の郵便局では郵便業務以外に新聞や雑誌も販売していますし（新聞・
雑誌の定期購読受付や配達も担当）、日本にもコレクターがいる**纪念邮票**
　　　　　　　　　　　　　　　　　　　　　　　　　　　　　　ジィニィエンヨウピアオ
(jìniàn yóupiào)「記念切手」の販売もあります。少しのぞいてみるのも面白い
かもしれません。

フレーズ 1 小包が出せるかを確認する

チョアール	クァイイ	ジィ	グゥオジィ	バオグゥオ	マ
这儿	可以	寄	国际	包裹	吗？
Zhèr	kěyǐ	jì	guójì	bāoguǒ	ma？

ここで国際小包は出せますか？

文化 中国から日本へ小包を送りたい場合、郵便局によっては国際小包を扱っていないことがありますので、事前に確認してみてください。

プラスα 几号窗口？(Jǐ hào chuāngkǒu?)「何番窓口ですか？」

フレーズ 2 郵便代をたずねる

ヨウジィフェイ	ヤオ	ドゥオシャオ	チエン
邮寄费	要	多少	钱？
Yóujìfèi	yào	duōshao	qián？

郵便代はいくらですか？

表現 邮寄费 (yóujìfèi) は「郵送代」の意味で、邮费 (yóufèi) とも言います。

フレーズ 3 船便で送る

ウォ	シアン	ヨン	ハイユィン	ジィ
我	想	用	海运	寄。
Wǒ	xiǎng	yòng	hǎiyùn	jì.

船便で送りたいです。

表現 用 (yòng) 〜は「〜を使って、〜で」という意味です。

語彙 航邮 (hángyóu)「航空便」

フレーズ 4 到着日数をたずねる

ジィ	ティエン	ネゥン	ダオ
几	天	能	到？
Jǐ	tiān	néng	dào？

何日で着きますか？

文化 中国や台湾から日本に絵ハガキなど出すと、大きな都市からでもおおむね1週間くらいかかると考えておいたほうがよいでしょう。

第23課

インターネットで使えるフレーズ

パソコンやスマホを使える環境もだいぶ整っています。

■ 連絡手段をたずねる

你　有　微信　吗？
ニィ　ヨウ　ウェイシン　マ
Nǐ　yǒu　wēixìn　ma？
WeChatをやっていますか？

没有。给　我　发　电子邮件　吧。
メイヨウ　ゲイ　ウオ　ファア　ディエンズーヨウジエン　バ
Méi yǒu.　Gěi　wǒ　fā　diànzǐ yóujiàn　ba.
やっていません。Eメールを送ってください。

微信(wēixìn)「WeChat（ウィーチャット）」は、中国の無料メッセージアプリです。現在、微信(wēixìn)はメッセージのやりとりを行うコミュニケーションツールやゲーム機能だけでなく、買い物の支払い、知人間での送金、タクシー配車手配など用途も広がっており、アプリ利用者数は世界トップクラスとなっています。
　发(fā)は「（Eメールを）送信する」という意味です。

メールアドレスを聞く

チン ニン ガオス ウォ ニィ ドァ ヨウシアン バ
请 您 告诉 我 你 的 邮箱 吧。
Qǐng nín gàosu wǒ nǐ de yóuxiāng ba.

あなたのメールアドレスを教えてください。

- **表現** 告诉 (gàosu) は「伝える、教える」という意味です (二重目的語→p.88)。
- **語彙** 手机号码 (shǒujī hàomǎ)「携帯番号」／地址 (dìzhǐ)「住所」

フレーズ **2** インターネットにつながらないとき

シャンブリアオ ワァン
上不了 网。
Shàngbuliǎo wǎng.

ネットにつながりません。

- **プラスα** 可以 用 Wi-fi 吗？(Kěyǐ yòng wi-fi ma?)「wi-fi は使えますか？」
  密码 是 多少？(Mìmǎ shì duōshao?)「パスワードは何ですか？」

フレーズ **3** フォローをお願いする

ニィ ジア ウォ ウェイシン バ
你 加 我 微信 吧。
Nǐ jiā wǒ wēixìn ba.

私をWeChatでフォローしてください。

- **表現** 加 (jiā) は「足す、加える、」という意味です。

フレーズ **4** アカウントをたずねる

ニィ ウェイシンハオ シー ドゥオシャオ
你 微信号 是 多少？
Nǐ wēixìnhào shì duōshao?

あなたのWeChatアカウントは？

- **表現** 号 (hào) は「帐号 (zhànghào)」のことで、「ID、アカウント」を指します。このフレーズを直訳すると、「あなたのWeChat IDはいくつですか？」となります。

ステップ **4** これで旅行もバッチリ！ 場面別定番フレーズ

167

中国語でメールを書いてみよう

　中国から帰国したら、お世話になった方に中国語でお礼のメールを送りましょう。

1
ワン　シアンロォン
王 尚融 ：
Wáng Shàngróng

2
ニィ　ハオ
你 好！
Nǐ hǎo!

3
ウオ　イィジィン　ホゥイダオ　リーベン　ルァ
我 已经 回到 日本 了。
Wǒ yǐjīng huídào Rìběn le.

4
ヂェイツー　ウオ　ショウダオ　ニィ　ドァ　グワンヂャオ　ヂェンシー　タイ　ガンシエ　ニィ　ルァ
这次 我 受到 你 的 关照，真是 太 感谢 你 了。
Zhèicì wǒ shòudào nǐ de guānzhào, zhēn shì tài gǎnxiè nǐ le.

5
ドゥオクゥイルァ　ニィ　ウオ　ネゥン　グゥオドァ　ヘン　カイシン
多亏了 你，我 能 过得 很 开心。
Duōkuīle nǐ, wǒ néng guòde hěn kāixīn.

6
ロゥグゥオ　ヨウ　ジィホゥイ　ニィ　ライ　リーベン　ヂャオ　ウオ　ワァール　バ
如果 有 机会，你 来 日本 找 我 玩儿 吧。
Rúguǒ yǒu jīhuì, nǐ lái Rìběn zhǎo wǒ wánr ba.

7
ダオ　シーホウ　イィディン　ゲン　ウオ　リエンシィ　ア
到 时候，一定 跟 我 联系 啊！
Dào shíhou, yídìng gēn wǒ liánxì a!

8
チン　ダイ　ウオ　シアン　シァンジュン　ウェンハオ
请 代 我 向 商钧 问好！
Qǐng dài wǒ xiàng Shāng Jūn wènhǎo!

9
ヂュウ　シェンティ　ジエンカァン　ゴォンヅゥオ　シュンリィ
祝 身体 健康、工作 顺利！
Zhù shēntǐ jiànkāng、gōngzuò shùnlì!

10
ニィ　ドァ　ポンヨウ　ヂーヅ
你 的 朋友 知子
Nǐ de péngyou Zhīzǐ

1 王　尚融くん：

2 こんにちは！

3 私はすでに日本に帰ってきました。

4 今回、あなたにお世話になり、本当に感謝しております。

5 おかげさまで、とても楽しい時間を過ごすことができました。

6 もし機会があれば、日本に私をたずねて遊びにいらしてください！

7 そのときは、必ず連絡してくださいね！

8 商鈞くんにもよろしくお伝えください。

9 ご健康と、お仕事が順調であることをお祈り申し上げます。

10 　　　　　　　　　　　　　　　　　　あなたの友人　知子

 ＝＝＝＝＝＝ 表現のポイント ＝＝＝＝＝＝

4 受到～的关照 は「～さんのお世話になる」という意味です。
（ショウダオ　ドゥグワンチャオ）

5 多亏は「～のおかげで」という意味です。
（ドゥオクイ）

6 如果 有机会は「もし機会があれば」という意味で、如果は「もし
～ならば」という仮定の表現です。
（ロゥグゥオ　ヨウジィホウイ）

8 请代我 向～问好は「私に代わって～に対してよろしくお伝えく
ださい」という意味です。
（チィンダイウオ　シアン　ウェンハオ）

9 祝～ は「～をお祈りする、願う」という意味です。
（ヂュウ）

覚えておくと便利な基本単語

「朝から夜まで」の暮らしの動詞

起床する	起床 チィチュアン qǐchuáng	授業が終わる	下课 シアクァ xiàkè
顔を洗う	洗脸 シィリエン xǐliǎn	下校する	放学 ファアンシュエ fàngxué
うがいをする	漱口 シュウコウ shùkǒu	残業する	加班 ジアバン jiābān
歯を磨く	刷牙 シュワヤァ shuāyá	退勤する	下班 シアバン xiàbān
朝食を食べる	吃 早饭 チー ヅァオファン chī zǎofàn	帰宅する	回家 ホゥイジア huíjiā
登校する	上学 シアァシュエ shàngxué	アルバイトする	打工 ダァゴォン dǎgōng
出勤する	上班 シアァンバン shàngbān	入浴する	洗澡 シィヅァオ xǐzǎo
授業を受ける	上课 シアァンクァ shàngkè	夕食を食べる	吃 晚饭 チー ワンファン chī wǎnfàn
仕事する	工作 ゴォンヅゥオ gōngzuò	眠る	睡觉 シィジアオ shuìjiào
昼食を食べる	吃 午饭 チー ウゥファン chī wǔfàn	夜ふかしする	熬夜 アオイエ áo'yè
出かける	外出 ワイチュウ wàichū	夢を見る	做梦 ヅゥォモン zuòmèng

「生活をたのしむ」趣味の動詞

テレビを見る	看 电视 カン ディエンシー kàn diànshì	ヘアカットする	剪发 ジエンファア jiǎnfà
絵を描く	画 画儿 ホア ホアール huà huàr	ジムに通う	去 健身房 チュイ ジエンシェンファン qù jiànshēnfáng
ペットを飼う	养 宠物 ヤン チォンウゥ yǎng chǒngwù	ダイエットする	减肥 ジエンフェイ jiǎnféi
ガーデニングする	做 园艺 ヅゥオ ユエンイィ zuò yuányì	エステをする	做 美容美体 ヅゥオ メイロォンメイティ zuò měiróng měitǐ
ヨガをする	练 瑜伽 リエン ユィジア liàn yújiā	昼寝する	午睡 ウゥシュイ wǔshuì
メイクする	化妆 ホアヂュアン huàzhuāng	デートする	约会 ユエホゥイ yuēhuì

映画を見る	**カン ディエンイィン** **看 电影** kàn diànyǐng	釣りをする	**ディアオユィ** **钓鱼** diàoyú
テニスをする	**ダァ ワァンチウ** **打 网球** dǎ wǎngqiú	ドライブする	**ドウフォン** **兜风** dōufēng
泳ぐ	**ヨウヨン** **游泳** yóuyǒng	旅行する	**リュィヨウ** **旅游** lǚyóu
ウォーキングする	**ヅォウルゥ** **走路** zǒulù	グルメを楽しむ	**シアンショウ メイシー** **享受 美食** xiǎngshòu měishí
ジョギングする	**マンパオ** **慢跑** mànpǎo	温泉に入る	**シィ ウェンチュエン** **洗 温泉** xǐ wēnquán

身体・顔を表す単語

頭	**トウ** **头** tóu	手・指	**ショウ ショウデー** **手・手指** shǒu・shǒuzhǐ
首	**ボォヅ** **脖子** bózi	目	**イェンジィン** **眼睛** yǎnjing
顔	**リェン** **脸** liǎn	鼻	**ビィヅ** **鼻子** bízi
胸	**シオン** **胸** xiōng	耳	**アルドゥオ** **耳朵** ěrduo
腹	**ドゥヅ** **肚子** dùzi	口・唇	**ヅゥイ ヅゥイチュン** **嘴・嘴唇** zuǐ・zuǐchún
腰・背中	**ヤオ ベイ** **腰・背** yāo・bèi	舌・歯	**ショアトウ ヤァ** **舌头・牙** shétou・yá
尻	**ピィグゥ** **屁股** pigu	額	**チエンウァ** **前额** qián'é
足	**トゥイ** **腿** tuǐ	ほお	**リェンジア** **脸颊** liǎnjiá
腕	**グゥボ** **胳膊** gēbo	眉毛・まつ毛	**メイマオ ジエマオ** **眉毛・睫毛** méimáo・jiémáo

印象などを表す形容詞

かわいい	**クァアイ** **可爱** kě'ài	幼い	**ヨウデー** **幼稚** yòuzhì
美しい	**ピアオリアン** **漂亮** piàoliang	大人っぽい	**チョンシュウ** **成熟** chéngshú
かっこいい	**シュワイ** **帅** shuài	怖い	**クァパァ** **可怕** kěpà
若い	**ニエンチィン** **年轻** niánqīng	おとなしい	**ウェンシュン** **温顺** wēnshùn

中国語圏のおもな地名一覧

中国語圏のおもな地名を一覧にしてあります。下のようなフレーズを使ってみてください。出身を聞くには、**你 老家 在 哪儿？**(Nǐ lǎojiā zài nǎr ?)「ご実家はどちらですか？」という言い方もできます。

你 是 哪里 人？
Nǐ shì nǎli rén ?
どちらのご出身ですか？

我 是 ○○人。
Wǒ shì oorén.
私は○○の出身です。

黒龍江省（こくりゅうこうしょう）	黑龙江 Hēilóngjiāng	遼寧省（りょうねいしょう）	辽宁 Liáoníng
吉林省（きつりんしょう）	吉林 Jílín	山西省（さんせいしょう）	山西 Shānxī
内モンゴル自治区（うちじちく）	内蒙古 Nèiměnggǔ	河北省（かほくしょう）	河北 Héběi
北京市（ぺきんし）	北京 Běijīng	天津市（てんしんし）	天津 Tiānjīn
新疆ウイグル族自治区（しんきょう）	新疆 Xīnjiāng	寧夏回族自治区（ねいかかいぞくじちく）	宁夏 Níngxià
甘粛省（かんしゅくしょう）	甘肃 Gānsù	陝西省（せんせいしょう）	陕西 Shǎnxī
青海省（せいかいしょう）	青海 Qīnghǎi	チベット自治区（じちく）	西藏 Xīzàng
雲南省（うんなんしょう）	云南 Yúnnán	重慶市（じゅうけいし）	重庆 Chóngqìng
貴州省（きしゅうしょう）	贵州 Guìzhōu	四川省（しせんしょう）	四川 Sìchuān

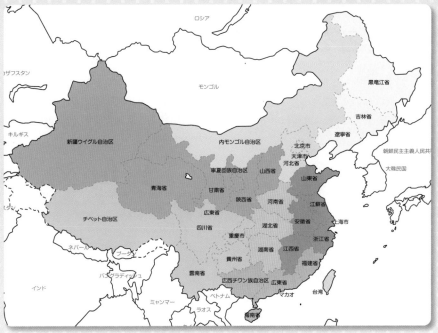

こう せいしょう 江西省	ジアンシィ **江西** Jiāngxī	しゃんはいし 上海市	シャンハイ **上海** Shànghǎi
さんとうしょう 山東省	シャンドォン **山东** Shāndōng	こうそしょう 江蘇省	ジアンスゥ **江苏** Jiāngsū
せっこうしょう 浙江省	チョォジアン **浙江** Zhèjiāng	あんきしょう 安徽省	アンホゥイ **安徽** Ānhuī
こなんしょう 湖南省	ホゥナン **湖南** Húnán	かなんしょう 河南省	ホァナン **河南** Hénán
こほくしょう 湖北省	ホゥベイ **湖北** Húběi	こうせい 広西チワン族自治区	グアンシィ **广西** Guǎngxī
かんとんしょう 広東省	グアンドォン **广东** Guǎngdōng	ふっけんしょう 福建省	フゥジエン **福建** Fújiàn
かいなんしょう 海南省	ハイナン **海南** Hǎinán	ほんこん 香港	シアンガァン **香港** Xiānggǎng
マカオ	アオメン **澳门** Àomén	たいわん 台湾	タイワン **台湾** Táiwān
シンガポール	シンジアポォ **新加坡** Xīnjiāpō	マレーシア	マァライシィヤァ **马来西亚** Mǎláixīyà

氏名を中国語で言ってみよう

漢字を組み合わせて自分や友人の名字（姓）を作り、中国語で言ってみましょう。本表にない漢字もインターネットなどで簡単に調べられるはずなので、ぜひ検索してみてください。実際には名字のピンインの最初の文字は大文字で書きます。

您 贵姓?
Nín guìxìng?
お名前は？

我 姓 ○○。
Wǒ xìng ○○.
私は○○と申します。

阿 アァ	ā	安 アン	ān	青 チィン	qīng	赤 チー	chì
麻 マァ	má	井 ジャン	jǐng	伊 イィ	yī	池 チー	chí
石 シー	shí	今 ジン	jīn	岩 イエン	yán	上 シャアン	shàng
内 ネイ	nèi	浦 プゥ	pǔ	江 ジアン	jiāng	尾 ウェイ	wěi
太 タイ	tài	冈 ガァン	gāng（岡）	加 ジア	jiā	胜 ション	shèng（勝）
金 ジン	jīn	神 シェン	shén	川 チュワン	chuān	河 ホァ	hé
木 ムゥ	mù	菊 ジュイ	jú	北 ベイ	běi	久 ジウ	jiǔ
口 コウ	kǒu	国 グゥオ	guó	熊 シオン	xióng	黑 ヘイ	hēi
仓 ツァアン	cāng（倉）	小 シァオ	xiǎo	子 ツー	zǐ	越 ユエ	yuè
工 ゴォン	gōng	后 ホウ	hòu（後）	近 ジン	jìn	佐 ツゥオ	zuǒ
斋 チャイ	zhāi（斎）	齐 チィ	qí（斉）	坂 バン	bǎn	酒 ジウ	jiǔ

崎 (ティ)	qí	沢 (ヅァ)	zé (沢)	櫻 (イィン)	yīng (桜)	下 (シァ)	xià
島 (ダオ)	dǎo (島)	柴 (チャイ)	chái	白 (バイ)	bái	城 (チョン)	chéng
新 (シン)	xīn	条 (ティアオ)	tiáo	铃 (リン)	líng (鈴)	杉 (シャン)	shān
清 (チィン)	qīng	増 (ヅゥン)	zēng	田 (ティエン)	tián	多 (ドゥオ)	duō
大 (ダァ)	dà	高 (ガオ)	gāo	竹 (ヂュウ)	zhú	谷 (グゥ)	gǔ
立 (リィ)	lì	千 (チェン)	qiān	地 (ディー)	dì	津 (ジン)	jīn
冢 (ヂォン)	zhǒng (塚)	藤 (テゥン)	téng	富 (フゥ)	fù	丰 (フォン)	fēng (豊)
鸟 (ニァオ)	niǎo (鳥)	中 (ヂォン)	zhōng	生 (シォン)	shēng	长 (チァン)	cháng (長)
西 (シィ)	xī	野 (イェ)	yě	叶 (イェ)	yè (葉)	桥 (チアオ)	qiáo (橋)
花 (ホァ)	huā	滨 (ビン)	bīn (浜・濱)	林 (リン)	lín	原 (ユエン)	yuán
东 (ドォン)	dōng (東)	美 (メイ)	měi	平 (ビィン)	píng	部 (ブゥ)	bù
武 (ウゥ)	wǔ	深 (シェン)	shēn	古 (グゥ)	gǔ	福 (フゥ)	fú
边 (ビエン)	biān (辺)	保 (バオ)	bǎo	真 (ヂェン)	zhēn	间 (ジェン)	jiān (間)
米 (ミィ)	mǐ	前 (チェン)	qián	松 (ソォン)	sōng	丸 (ワン)	wán
三 (サン)	sān	水 (シュイ)	shuǐ	宮 (ゴォン)	gōng	室 (シー)	shì
村 (ツン)	cūn	饭 (ファン)	fàn (飯)	本 (ベン)	běn	森 (セン)	sēn
八 (バァ)	bā	屋 (ウゥ)	wū	柳 (リゥ)	liǔ	山 (シャン)	shān
吉 (ジィ)	jí	横 (ヘゥン)	héng	和 (ホァ)	hé	渡 (ドゥ)	dù

例
①山下 → 山下 (Shānxià) シャンシア
②中澤 → 中泽 (Zhōngzé) ヂォンヅァ
③岡田 → 冈田 (Gāngtián) ガァンティエン
④長谷川 → 长谷川 (Chánggǔchuān) チァングゥチュワン
⑤佐々木 麻美 → 佐佐木 麻美 (Zuǒzuǒmù Máměi) ヅゥオヅゥオムゥ マァメイ
⑥新大久保 (JR駅名) → 新大久保 (Xīndàjiǔbǎo) シンダァジウバオ

●著者
南雲大悟（なぐも　だいご）
千葉大学大学院人文社会科学研究科博士後期課程単位取得満期退学。
現在、立教大学准教授。

◉本文デザイン　　　株式会社マルプデザイン
◉イラスト　　　　　秋葉あきこ
◉録音　　　　　　　一般財団法人 英語教育協議会（ELEC）
◉ナレーター　　　　李　軼倫
　　　　　　　　　　李　茜
　　　　　　　　　　水月優希
◉編集協力　　　　　オフィスミィ
◉編集担当　　　　　梅津愛美（ナツメ出版企画株式会社）

本書に関するお問い合わせは、書名・発行日・該当ページを明記の上、下記
のいずれかの方法にてお送りください。電話でのお問い合わせはお受けして
おりません。
・ナツメ社 web サイトの問い合わせフォーム
　https://www.natsume.co.jp/contact
・FAX（03-3291-1305）
・郵送（下記、ナツメ出版企画株式会社宛て）
なお、回答までに日にちをいただく場合があります。正誤のお問い合わせ以
外の書籍内容に関する解説・個別の相談は行っておりません。あらかじめご
了承ください。

ナツメ社Webサイト
https://www.natsume.co.jp
書籍の最新情報（正誤情報を含む）は
ナツメ社Webサイトをご覧ください。

音声 DL 版　オールカラー
基礎からレッスン
はじめての中国語
2024 年 6 月 3 日　初版発行

著　者　**南雲大悟**　　　　　　　　　　　　　　　©Nagumo Daigo, 2024
発行者　田村正隆

発行所　**株式会社ナツメ社**
　　　　東京都千代田区神田神保町 1-52　ナツメ社ビル 1F（〒 101-0051）
　　　　電話　03（3291）1257（代表）　　FAX　03（3291）5761
　　　　振替　00130-1-58661
制　作　**ナツメ出版企画株式会社**
　　　　東京都千代田区神田神保町 1-52　ナツメ社ビル 3F（〒 101-0051）
　　　　電話　03（3295）3921（代表）
印刷所　ラン印刷社

ISBN978 - 4 - 8163 - 7555 - 2　　　　　　　　　　　　　Printed in Japan